Gregor Schaefer

die küche venedigs & des veneto

Hölker Verlag

5 4 3 2 1
ISBN 3-88117-628-4

Gestaltung: Niels Bonnemeier
Redaktion: Monika Römer, Gabriele Heßmann
Foodfotos und sonstige Fotos: Klaus Arras
Foodstyling: Oliver Brachat
Assistenz: Axel Hartmann

Printed in Germany

inhalt

Die Rezepte sind,
wenn nicht anders angegeben,
für 4 Personen berechnet.

Das Veneto erstreckt sich – begrenzt vom Friaul im Osten und dem Trentino im Westen – vom Fuß der Dolomiten bis hinunter zur Poebene. Der halbe Gardasee gehört dazu und natürlich das berühmteste Pfahldorf der Welt – Venedig. Seit ältester Zeit kreuzten sich in dieser oberitalienischen Region Handelswege aus allen Himmelsrichtungen. Der Po verband das Küstenland über die Lombardei mit Frankreich, durch die Alpentäler im Norden reichten die Verbindungen bis nach Deutschland, und die Adriahäfen waren das Tor zu Byzanz und zum Orient.

Venedig, la Serenissima, die „Heitere und Durchlauchte", wie sich die Lagunenstadt in ihrer Blütezeit zwischen dem 12. und 15. Jahrhundert voller Stolz selbst nannte, entwickelte sich von einem Außenposten des byzantinischen Reichs rasch zu einem der wichtigsten Handelszentren der damaligen Welt. Es wurde zum Umschlagplatz für die unvorstellbar wertvollen Güter aus dem Orient. Gold und Silber, Seidenstoffe und nicht zuletzt Gewürze wurden von hier aus zum Vielfachen ihres Preises nach Europa weiterexportiert, was den großen Reichtum und die Macht der Stadt begründete.

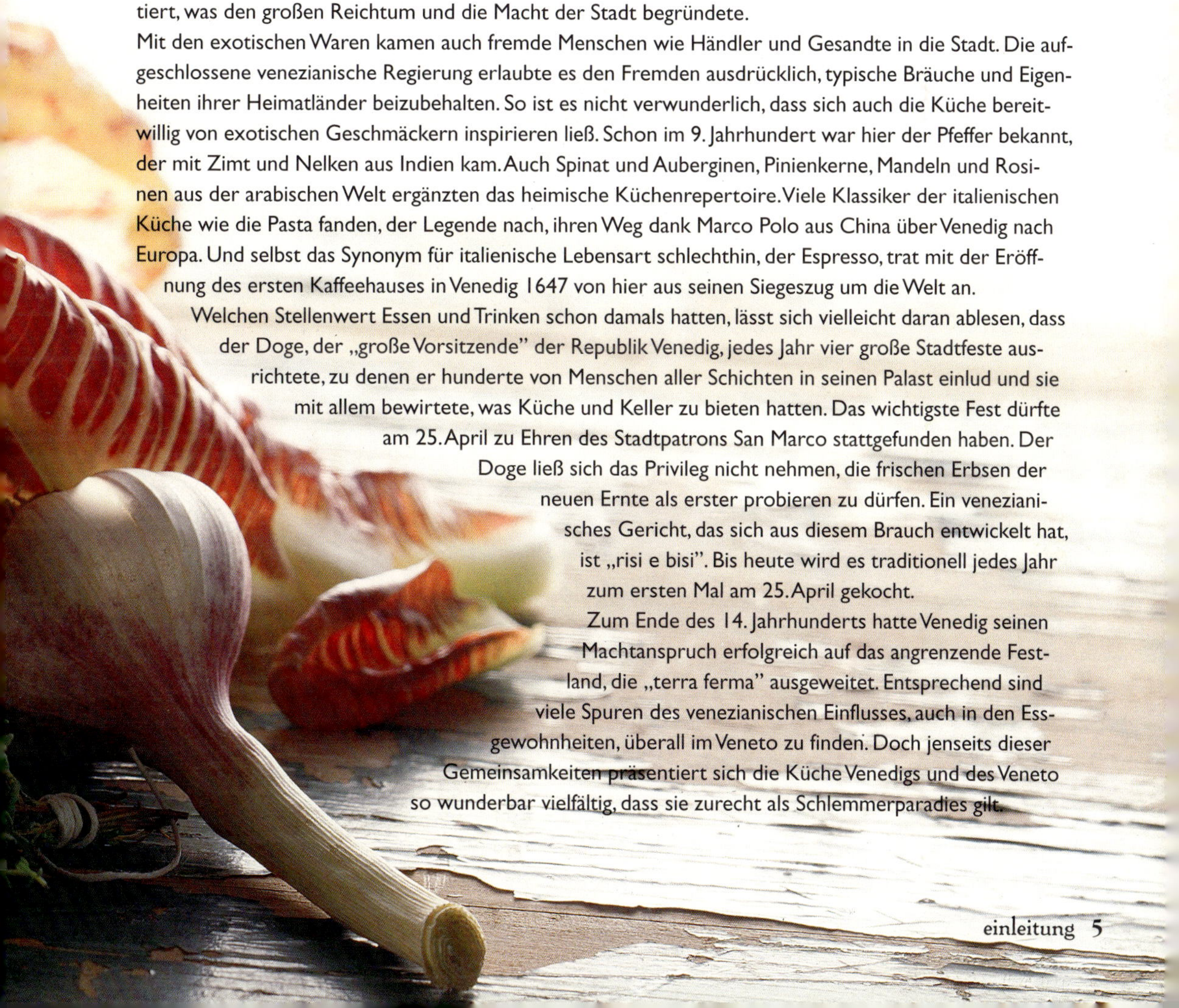

Mit den exotischen Waren kamen auch fremde Menschen wie Händler und Gesandte in die Stadt. Die aufgeschlossene venezianische Regierung erlaubte es den Fremden ausdrücklich, typische Bräuche und Eigenheiten ihrer Heimatländer beizubehalten. So ist es nicht verwunderlich, dass sich auch die Küche bereitwillig von exotischen Geschmäckern inspirieren ließ. Schon im 9. Jahrhundert war hier der Pfeffer bekannt, der mit Zimt und Nelken aus Indien kam. Auch Spinat und Auberginen, Pinienkerne, Mandeln und Rosinen aus der arabischen Welt ergänzten das heimische Küchenrepertoire. Viele Klassiker der italienischen Küche wie die Pasta fanden, der Legende nach, ihren Weg dank Marco Polo aus China über Venedig nach Europa. Und selbst das Synonym für italienische Lebensart schlechthin, der Espresso, trat mit der Eröffnung des ersten Kaffeehauses in Venedig 1647 von hier aus seinen Siegeszug um die Welt an.

Welchen Stellenwert Essen und Trinken schon damals hatten, lässt sich vielleicht daran ablesen, dass der Doge, der „große Vorsitzende" der Republik Venedig, jedes Jahr vier große Stadtfeste ausrichtete, zu denen er hunderte von Menschen aller Schichten in seinen Palast einlud und sie mit allem bewirtete, was Küche und Keller zu bieten hatten. Das wichtigste Fest dürfte am 25. April zu Ehren des Stadtpatrons San Marco stattgefunden haben. Der Doge ließ sich das Privileg nicht nehmen, die frischen Erbsen der neuen Ernte als erster probieren zu dürfen. Ein venezianisches Gericht, das sich aus diesem Brauch entwickelt hat, ist „risi e bisi". Bis heute wird es traditionell jedes Jahr zum ersten Mal am 25. April gekocht.

Zum Ende des 14. Jahrhunderts hatte Venedig seinen Machtanspruch erfolgreich auf das angrenzende Festland, die „terra ferma" ausgeweitet. Entsprechend sind viele Spuren des venezianischen Einflusses, auch in den Essgewohnheiten, überall im Veneto zu finden. Doch jenseits dieser Gemeinsamkeiten präsentiert sich die Küche Venedigs und des Veneto so wunderbar vielfältig, dass sie zurecht als Schlemmerparadies gilt.

Mare et monti Der Kontur der Landschaft folgend, spannt sich der kulinarische Bogen zwischen „mare e monti". Fisch und Meeresfrüchte kennzeichnen die leichte und etwas feinere Küche Venedigs und der Lagune. Deftiger geht es auf dem Festland zu. In den Seealpen mit ihren saftigen Wiesen und üppigen Tälern weidet das Vieh. Auch Wildgeflügel ist dort vielfach anzutreffen. Obst und Gemüse finden beste Bedingungen in den fruchtbaren Flussebenen von Etsch, Piave und Po. Besondere Böden lassen Einzigartiges sprießen: etwa den Vialone Nano, jenen Reis aus der Provinz Verona, der unabdingbare Grundlage für einen Risotto all'onda (zur Welle) ist, wie man ihn im Veneto liebt. Oder den berühmten und in unzähligen Rezepten verarbeiteten Radicchio di Treviso, der wohl in dieser Qualität und Güte eben nur in der Umgebung von Treviso wächst und unnachahmlich köstlich schmeckt. Aus der alpenländischen Tradition stammen Sahne, Käse und Butter. Olivenöl kommt vom Gardasee und aus der Umgebung von Verona. Schöne Weine wachsen im Veneto, und ein regionaltypischer luftgetrockneter Schinken wird in der Poebene produziert: Der „prosciutto berico-euganeo" schmeckt mindestens genauso gut wie vergleichbare Schinken aus Parma oder San Daniele.

Vier Grundelemente beherrschen heute die Küche des Veneto, Venedig mit eingeschlossen: Reis, Bohnen, Polenta und Stockfisch. In Anbetracht der Geschichte dieses Landstrichs ist es nicht verwunderlich, dass keines dieser vier Elemente seinen Ursprung im Veneto hat, sondern allesamt importiert wurden. Der Reis kommt aus China, die Bohnen gelangten von Afrika über Portugal nach Italien. Der Mais für die Polenta stammt aus Amerika, wobei „polenta" ein lateinisches Wort ist und ursprünglich „Gerstengraupen" bedeutet. Der Begriff ist aber auch mit dem lateinischen Wort für „Pollen" verwandt. Eine schöne Geschichte erzählt, dass die Bauern ihr geliebtes goldenes Maismehl nach dem feinen Blütenstaub benannt haben. Dabei waren sie zuerst gar nicht angetan von diesem fremden Korn – „granturco" heißt Mais auf italienisch, und „turco" war in alten Zeiten das Synonym für alles Fremde. Erst als die Menschen merkten, dass sich mit dem Maisanbau ihre Ernährungslage deutlich verbesserte, begann wohl ihre große Liebe zur Polenta. Und Stockfisch, das letzte Grundelement der Küche des Veneto, ist luftgetrockneter Kabeljau. Er kam aus Norwegen nach Venedig und wurde ursprünglich zum Trocknen auf Stöcke gespießt, was ihm seinen Namen eintrug. In der Lagunenstadt liebt man ihn sehr und nennt ihn „baccalà", obwohl dies eigentlich mit „Klippfisch" zu übersetzen wäre. Und darunter versteht man üblicherweise einen Fisch (in der Regel auch Kabeljau), der gesalzen und luftgetrocknet wird. Letzteres geschah früher wohl auf den Klippen – daher sein Name. Diesen „echten" Klippfisch nennen die Venezianer allerdings „bertagnin".

Der Kreativität zahl- und zumeist auch namenloser Köchinnen und Köche ist es zu verdanken, dass aus diesen eher schlichten Produkten die köstliche und abwechslungsreiche Küche des Veneto entstanden ist. Eine Küche, die innerhalb des kulinarischen Italiens einen ganz eigenen Platz hat. Die meisten Rezepte sind recht einfach und können leicht nachgekocht werden. Das Geniale der italienischen Küche ist ja gerade ihre Kunst, den Geschmack weniger Zutaten möglichst eigenständig zur Geltung kommen zu lassen. Das setzt allerdings hohe Maßstäbe bei der Auswahl der Produkte voraus.

Dabei spielt es gar keine Rolle, ob Sie sich, wie in diesem Buch vorgeschlagen, an die klassische italienische Speisenfolge halten, Ihnen nur der Sinn nach einem Teller Risotto steht oder Sie aus verschiedenen Antipasti ein ganzes Partybuffet zaubern möchten. Fühlen Sie sich frei, die Anregungen in diesem Buch ganz nach eigenem Bedürfnis umzusetzen. – Buon appetito!

Der Wein Das Veneto ist eine der wichtigsten und zugleich vielfältigsten Weinanbauregionen Italiens. Ohne an dieser Stelle das Thema Wein erschöpfend behandeln zu können, soll es wenigsten kurz angerissen werden. Allein aus der Umgebung von Verona stammen mit Soave, Valpolicella und Bardolino drei der weltweit bekanntesten italienischen Weinsorten. Hauptrebsorte für den Soave ist die weiße Garganega-Traube. Der beste Soave kommt aus der Classico-Zone, die – innerhalb des kontrollierten Anbaugbiets, d.h. der DOC-Zone (denominazione di origine controllata) – nur aus ein paar Hügeln rund um die Orte Soave und Monteforte d'Alpone besteht. Ein guter Soave classico ist ein trockener aromatischer und lebhafter Wein mit frischer Säure und köstlicher Fruchtigkeit. Deutlich schwächer ist die Qualität der in den Ebenen hauptsächlich auf Masse produzierten Weine. Ähnlich verhält es sich mit dem roten Valpolicella, dessen Qualitäten zu unterschiedlich sind, als dass sie sich einfach zusammenfassen ließen. Aus den Traubensorten Corvina Veronese (40–70 %), Rondinella (20–40 %), Molinara (5–25 %) und max. 15 % Rossignola, Negrara, Barbera oder Sangiovese können verführerische, leichte Weine mit feinem Kirscharoma entstehen. Die besten Sorten kommen aus dem hügeligen Classico-Gebiet nördlich von Verona. Leider ist auch eine Vielzahl billiger „supermarkttauglicher" Produkte im Handel, die armselig und lustlos daher kommen und damit den Ruf des Valpolicella schwer schädigen. Auch der Bardolino vom Ostufer des Gardasees, ein leichter Rot- oder Roséwein, der in etwa auf derselben Traubenbasis hergestellt wird wie der Valpolicella, hat mit dieser Problematik zu kämpfen. Doch, Dionysos sei Dank, legen immer mehr Winzer wieder Wert auf Qualität, und immer mehr Verbraucher sind bereit, dafür einen angemessenen Preis zu bezahlen. Im Veneto werden außerdem eine Reihe sortenreiner Weine produziert. Neben den bekannten Sorten Pinot grigio und Pinot bianco verdienen einige weniger bekannte Weine eine besondere Erwähnung: In der DOC Breganze, nördlich von Vicenza, wird mit dem Vespaiolo eine Rebe angebaut, die schöne trockene Weißweine mit leicht zitronigen Aromen liefert. Vespaiolo wird auch als Passito (Süßwein aus halb getrockneten Trauben) ausgebaut. Und aus dem Osten der Region, an der Grenze zum Friaul, stammen zwei weitere sortenreine Weine: Die Verduzzo-Traube bringt einen lebhaften Weißwein mit einem schönen Spiel von Säure und Fruchtnote hervor. Aus der Raboso-Traube wird ein dunkelvioletter Wein mit etwas erdigem Geschmack gekeltert. Er ist tanninreich, langlebig und eine Probe wert.

Last but not least soll hier von einer weiteren Prominenz des Veneto die Rede sein, dem Prosecco. Seine Grundlage ist eine weiße Traube, die einen recht flachen Wein ohne besonderen Charme ergibt, sich aber zu hochwertigen Schaum- und Perlweinen (Spumante und Frizzante) verarbeiten lässt. Prosecco wird überwiegend nördlich von Treviso in der DOC-Zone Conegliano-Valdobbiadene angebaut. Als erfrischender Aperitif eröffnet ein Glas Spumante oder Frizzante jedes Menü im Veneto und inspirierte den vielleicht bekanntesten Barkeeper der Welt, Giuseppe Cipriani, zu einem der sicher berühmtesten Drinks in Harry's Bar, dem Bellini. Hier ist das gleichermaßen schlichte wie köstliche Rezept zum Nachmixen: Man nehme sehr feines Püree von einem reifen weißen Pfirsich, verrühre einen Teil Pfirsichpüree mit einem Teil sehr kaltem Prosecco und serviere die Mischung in gut gekühlten Gläsern.

Ob Bellini oder Prosecco, Soave oder Raboso, das Veneto hält zu jedem Gericht auch den passenden Wein bereit, wobei die Auswahl ganz unkompliziert ist. Gelobt sei, was schmeckt und nicht, was uns selbst ernannte Gourmet-Päpste als Dogma aufzwingen wollen. – Alla sua salute!

vorspeisen antipasti

In Italien beginnt jedes Essen mit diesen „Kleinigkeiten vor der Pasta". Sie sollen den Appetit anregen, auf das kommende Essen einstimmen und eignen sich auch als „ciccheti", als Häppchen für den kleinen Hunger zwischendurch.
Die Venezianer haben daraus ein eigenes Ritual entwickelt, den „giro de ombra": So oft wie möglich wird der Tagesablauf unterbrochen, um in einer der zahlreichen „bàcari", den venezianischen Weinbars, die lange Zeit zwischen den Hauptmahlzeiten zu überbrücken. – „Ombra", was eigentlich Schatten bedeutet, ist hier zum Synonym für das kleine Gläschen Wein geworden. Das soll zurückgehen auf jene kühlschranklose Zeit, als ambulante Weinhändler ihre Erfrischungen noch auf dem Markusplatz anboten und dabei die Kühle suchten, die der wandernde Schatten des Turmes von San Marco bot.
Vergleichbar mit den Tapas in Spanien, halten auch die Bars in Venedig diverse Häppchen zum Wein bereit. Neben Stockfischpüree und eingelegten Sardinen schätzen die Venezianer vor allem ihr Tramezzino. Dreieckig und stapelweise wird diese köstliche venezianischen Antwort auf das englische Sandwich fast überall angeboten.
Tramezzini lassen sich auch zu Hause aus den unterschiedlichsten Zutaten zubereiten: z.B. aus Tomaten und Mozzarella, Ei und Thunfisch, Ricotta und Räucherlachs, Schinken und Käse, gebratenen Auberginen, Salami, Anchovis, Bresaola, Artischocken, Salatblättern, Kräutern, Mayonnaise etc. – oder eben, wie in diesem Kapitel vorgeschlagen, mit Lachs und Brunnenkresse (Rezept S. 12). Wichtig ist nur, dass das Toastbrot frisch ist, die Rinde rundherum abgeschnitten und das Sandwich diagonal geteilt wird.

Stockfischpüree auf Polenta Rezept S. 15

Lachs-Tramezzini
Rezept S. 12

Tomaten-Crostini
Rezept S. 13

tramezzini al salmone
lachs-tramezzini

2 hart gekochte Eier
1 EL Kapern
1 EL Mayonnaise
1 EL Schmand
frisch gemahlener Pfeffer
1/2 Bund Brunnenkresse
6 Scheiben Sandwichbrot
4 Scheiben Räucherlachs
(ingesamt ca. 120 g)
2 EL Zitronensaft

Die Eier pellen und wie die Kapern ganz fein hacken. In einer Schüssel mit Mayonnaise und Schmand verrühren, mit Pfeffer würzen. Die Brunnenkresse putzen, abbrausen, trockentupfen und die Blättchen abzupfen.
3 Brotscheiben mit der Eiermayonnaise bestreichen und mit dem Lachs belegen. Die Brunnenkresse darauf verteilen und mit dem Zitronensaft beträufeln. Die restlichen Brotscheiben auflegen und leicht andrücken. Die Brotrinde rundherum dünn abschneiden und die Sandwiches diagonal durchschneiden.

crostini al pomodoro
tomaten-crostini

400 g aromatische Tomaten
1 Hand voll frische Basilikumblätter
einige Stängel Thymian
4 EL Olivenöl
Salz
frisch gemahlener Pfeffer
8 Scheiben Baguette oder
kleine Scheiben Landbrot
2-3 Knoblauchzehen

Die Tomaten abbrausen, vom Stielansatz befreien und würfeln. Basilikum und Thymian abbrausen, trockentupfen und die Blättchen von den Stängeln zupfen. Die Basilikumblätter grob klein schneiden und wie die Thymianblätter über die Tomaten streuen. Olivenöl dazugeben, mit Salz und Pfeffer würzen. Alles gut miteinander vermischen.
Die Baguette- oder Landbrotscheiben toasten oder im Backofen bei eingeschaltetem Grill goldbraun rösten. Die Knoblauchzehen schälen, halbieren und das geröstete Brot damit einreiben. Die Tomatenwürfel darauf verteilen und die Crostini servieren.

Diese erfrischende kleine Köstlichkeit wird in den Restaurants des Veneto traditionell zur Begrüßung des Gasts noch vor der ersten Bestellung serviert – oft zusammen mit einem Glas Prosecco.

gamberetti all'olio e limone
garnelen mit olivenöl und zitronensaft

1 Stange Staudensellerie
1 Möhre
500 g rohe Garnelenschwänze (von allerbester Qualität ca. 3–4 cm lang)
2 EL Weißweinessig
80 ml Olivenöl
4 EL Zitronensaft
Salz
frisch gemahlener Pfeffer

Den Sellerie und die Möhre putzen und in grobe Stücke schneiden. Die Garnelenschwänze ungeschält abbrausen und trockentupfen. Sellerie und Möhren mit Weißweinessig in einem großen Topf mit 3 Litern Wasser aufgießen. Zum Kochen bringen, die Hitze reduzieren und die Brühe 10–15 Minuten sanft köcheln lassen. Die Garnelen dazugeben, aufkochen und bei mittlerer Hitze in 2–3 Minuten garen. Herausnehmen, kurz abtropfen lassen und schälen. Entlang dem Rücken aufschlitzen und den dunklen Darm entfernen. Die Garnelen in eine flache Schüssel legen.
Das Olivenöl mit dem Zitronensaft verrühren, mit Salz und Pfeffer würzen und die noch warmen Garnelen mit der Marinade übergießen. Gut vermengen und etwa 1 Stunde bei Zimmertemperatur marinieren lassen. Dazu knuspriges Weißbrot reichen, mit dem man natürlich auch die köstliche Marinade aufsaugen kann.

Für 6 Personen

baccalà mantecato
stockfischpüree

1 Stockfisch
1 l Milch
2-3 Knoblauchzehen
1/2 Bund glatte Petersilie
ca. 350 ml Olivenöl
Salz
frisch gemahlener Pfeffer
frisch geriebene Muskatnuss

2 Tage vor der Zubereitung den Stockfisch abbrausen und kräftig mit dem Fleischklopfer bearbeiten, damit er besser zu handhaben ist. Dann den Fisch erneut abbrausen und in handliche Stücke brechen. 2 Tage zugedeckt in kaltem Wasser einweichen; währenddessen das Wasser mindestens zweimal erneuern.
Am Tag der Zubereitung die Fischstücke in einen Topf legen, mit reichlich Wasser bedecken, zum Kochen bringen, die Hitze reduzieren und 10–15 Minuten leise köcheln lassen. Abgießen, abschrecken, sorgfältig häuten, von restlichen Gräten befreien und zerpflücken. Die Milch in einem Topf zum Kochen bringen, den Fisch einlegen und bei geringer Hitze 15 Minuten köcheln lassen.
Inzwischen den Knoblauch schälen und in eine große Rührschüssel pressen; die Petersilie abbrausen und trockentupfen, die Blättchen abzupfen, sehr fein hacken und dazugeben. Den Fisch mit einem Schaumlöffel aus der Milch heben, abtropfen lassen und in die Schüssel legen, dann die Milch beiseite stellen.
Mit dem Handrührgerät Stockfisch, Knoblauch und Kräuter gründlich durcharbeiten, das Olivenöl in feinem Strahl dazugießen und die Masse etwa 5 Minuten weiterrühren, danach sollte sie die Konsistenz von festem Kartoffelpüree haben. Mit Salz, Pfeffer und Muskat würzen. So viel von der beiseite gestellten Milch dazugeben, dass das Püree schön cremig wird. Die Baccalà schmeckt am besten lauwarm und wird mit geröstetem Weißbrot oder mit heißer Polenta (Rezept S. 70) serviert.

Die typische „baccalà mantecato" wird in der Regel aus Stockfisch gemacht, der im Unterschied zum Klippfisch ungesalzen ist. Das Püree soll eine leicht körnige Konsistenz haben. Rühren Sie es deshalb nicht mit einem Mixer oder in der Küchenmaschine, dadurch würde es zu glatt.

Für 6–8 Personen

granseola alla veneziana
seespinne nach venezianischer art

4 lebende Seespinnen
Salz
4 EL Olivenöl
2-3 TL Zitronensaft
frisch gemahlener Pfeffer
1/2 Bund glatte Petersilie

Die lebenden Seespinnen unter fließendem kalten Wasser gründlich abbrausen und mit einer festen Bürste reinigen. In einem großen Topf Salzwasser zum Kochen bringen, die Krabben einzeln in das kochende Wasser einlegen und in ca. 15 Minuten darin garen. Abgießen und abkühlen lassen.
In der Zwischenzeit Olivenöl und Zitronensaft mit der Gabel cremig aufschlagen und mit Salz und Pfeffer würzen. Petersilie abbrausen und trockentupfen, die Blättchen abzupfen, fein hacken und unter die Sauce rühren.
Die Beine der gegarten Krabben abbrechen. Mit einem spitzen, stabilen Messer an der Unterseite jede Krabbe ansetzen und den Mittelteil des Bauchpanzers entfernen.
Von unten her das weiße Fleisch und den roten Corail mit einer Gabel herauslösen, ohne die obere Hälfte des Panzers dabei zu beschädigen. Die grauen, federnähnlichen Kiemen entfernen. Fleisch und Corail mit einer Gabel in kleine Stücke zerpflücken. Die Beine samt Scheren mit einer Hummerzange oder einem Nussknacker aufbrechen, das Fleisch auslösen und klein schneiden.
Die leeren Panzeroberseiten abbrausen, trockentupfen und umgedreht als Schalen auf 4 Teller legen. Das Krabbenfleisch hineinfüllen und mit der Sauce beträufelt servieren.

Die Seespinne ist eine Krabbenart von köstlichem, hummerähnlichem Geschmack. Leider ist sie bei uns kaum lebend zu bekommen. Alternativ lässt sich dieses feine Antipasto mit Taschenkrebsen zubereiten. Sie müssen pro Kilogramm Gewicht 30 Minuten gekocht werden. Ansonsten ist die Zubereitung identisch.

Eine weitere venezianische Schalentierspezialität erwähne ich hier, damit Sie nicht versäumen, sie zu probieren, so Sie denn zur richtigen Jahreszeit in Venedig weilen. Bei uns gibt es sie nämlich leider nicht zu kaufen: Im Frühjahr und im Herbst wechseln die Krebse ihren harten, zu klein gewordenen Chitinpanzer. Diese in der Übergangszeit gefangenen weichen „Moleche" kann man im Ganzen essen. In verquirltem Ei gewendet und in Öl ausgebacken sind sie, heiß und knusprig, eine absolute Köstlichkeit.

sarde in saor
sardinen in saor-marinade

Für die Sardinen:
12 frische Sardinen
(insgesamt ca. 450 g)
60 ml Olivenöl
Salz
Mehl zum Wenden
Für die Marinade:
3 Zwiebeln
60 ml extra natives Olivenöl
(bester Qualität)
3 Lorbeerblätter
75 ml Weißweinessig
2 EL Rosinen
2 EL Pinienkerne
frisch gemahlener Pfeffer
1 Prise Zucker

2 Tage vor dem Verzehr die Köpfe der Sardinen abschneiden und die Fische ausnehmen. Sorgfältig abbrausen und trockentupfen. Das Olivenöl in einer großen Pfanne erhitzen. Die Fische leicht salzen und in Mehl wenden. Rasch von beiden Seiten in dem Öl knusprig braten, herausnehmen und auf Küchenpapier abtropfen lassen.
Inzwischen für die Marinade die Zwiebeln schälen und in dünne Ringe schneiden. Das Olivenöl in einer großen Pfanne erhitzen. Zwiebelringe und Lorbeerblätter hineingeben und bei mittlerer bis geringer Hitze die Zwiebeln unter häufigem Umrühren in ca. 15 Minuten weich dünsten, ohne sie Farbe nehmen zu lassen. Mit dem Weißweinessig ablöschen, Rosinen und Pinienkerne dazugeben, mit Pfeffer und Zucker würzen. Die abgetropften Sardinen in eine flache Schüssel legen, mit der heißen Marinade übergießen und zugedeckt im Kühlschrank 2 Tage ziehen lassen.

Für 4–6 Personen

fritto di mare
frittierte kleine fische

500 g kleine Sprotten
80 g Mehl
Salz
frisch gemahlener Pfeffer
Pflanzenöl zum Frittieren
1 Bund krause Petersilie
1 unbehandelte Zitrone

Die Fische gut abbrausen und abtropfen lassen. Das Mehl in eine Schüssel geben, großzügig salzen und pfeffern. Die Fische hineinlegen, die Schüssel mit einem Teller abdecken und gut schütteln, bis alle Fische rundum bemehlt sind. Die Fische in ein Sieb geben und das überschüssige Mehl absieben.
Das Öl in einem großen Topf oder einer Fritteuse erhitzen und die Sprotten darin in ca. 3 Minuten knusprig backen; herausnehmen und auf Küchenpapier abtropfen lassen.
Inzwischen die Petersilie abbrausen, gut trockentupfen und die groben Stängel entfernen. Die feinen Petersilienstängel in das heiße Fett legen und in ca. 30 Sekunden knusprig frittieren (Vorsicht: Unbedingt einen Spritzschutz verwenden, denn die frische Petersilie spritzt ganz ordentlich!).
Die abgetropften Fische in eine flache Schale legen, leicht salzen und mit der gebackenen Petersilie bestreuen. Die Zitrone achteln und zu den heißen Fischen servieren.

Für dieses einfache, aber köstliche Gericht eignen sich Fische, die nicht größer als 5–6 Zentimeter sind, da sie im Ganzen verzehrt werden können. Am besten werden sie erst mit Zitronensaft beträufelt und dann einfach mit den Fingern gegessen.

pâté di fegato alla veneziana
leberpastete nach venezianischer art

3 Gemüsezwiebeln
100 g weiche Butter
Salz
400 g Kalbsleber
frisch gemahlener Pfeffer
1 TL Zitronensaft

Die Pastete hält sich im Kühlschrank eine ganze Woche, kann also sehr gut vorbereitet werden.

Die Zwiebeln schälen und in dünne Streifen schneiden. Etwas Butter in einer Pfanne erhitzen, die Zwiebeln hineingeben, leicht salzen und zugedeckt bei geringer Hitze unter gelegentlichem Wenden in ca. 30 Minuten garen, ohne sie Farbe nehmen zu lassen; danach sollten sie leicht cremig sein. Sollten die Zwiebeln zu bräunen beginnen, 2 Esslöffel Wasser hinzufügen.
Inzwischen die Leber abbrausen, trockentupfen, von Häutchen und Adern befreien und in gleich große Würfel schneiden. Die Leberstücke zu den Zwiebeln geben und kräftig mit Salz, Pfeffer und Zitronensaft würzen. Bei mittlerer Hitze in etwa 2 Minuten garen, dabei die Leberstücke einmal wenden.
Die Leber-Zwiebel-Mischung in einen Mixer füllen, die restliche Butter in Flocken dazugeben und alles gut mixen, bis die Mischung gleichmäßig glatt und sahnig geworden ist. Eine Pasteten- oder Königskuchenform mit Klarsichtfolie auskleiden und die Masse hineinfüllen. Die Oberfläche glatt streichen und gut mit Folie abdecken. Für mindestens 6 Stunden in den Kühlschrank stellen. Vor dem Servieren die Leberpastete auf eine Platte stürzen und mit frisch geröstetem Weißbrot reichen.

prosciutto e fichi
schinken mit feigen

8 frische aromatische Feigen
150 g luftgetrockneter Schinken
frisch gemahlener Pfeffer

Die Feigen nach Belieben ganz belassen, halbieren oder vierteln, mit dem Schinken dekorativ auf 4 Teller verteilen und mit etwas Pfeffer bestreuen.

Dies ist nur eine der zahlreichen und wunderbaren Antipasto-Variationen, die sich mit hauchdünn geschnittenem luftgetrockneten Schinken schnell und einfach zaubern lassen. Im Veneto wird ein eigener Schinken hergestellt, der „prosciutto berico-euganeo". Bei uns gibt es ihn leider kaum zu kaufen. Doch der um einiges bekanntere Parmaschinken ist für diese Köstlichkeit ein durchaus akzeptabler Ersatz. Versuchen Sie doch auch einmal folgende Kombinationen:

schinken mit rucola

Dazu Rucolablätter abbrausen, trockentupfen und von den groben Stängeln befreien. Auf einen Teller legen, mit einigen Tropfen Olivenöl beträufeln, etwas grob gehobelten Parmesan darüber streuen und dekorativ mit Schinkenscheiben belegen.

schinken mit mozzarella

Guten Mozzarella (aus Büffel- oder Kuhmilch) in Scheiben schneiden und auf einem Teller anrichten. Einige Tropfen Olivenöl und etwas frisch gemahlenen Pfeffer darüber geben. Die Mozzarella-Scheiben dekorativ mit Schinkenscheiben belegen.

schinken mit melone

Diese Kombination ist so bekannt wie köstlich. In Italien werden dazu vornehmlich reife Kantalup-Melonen geschält, entkernt, in Spalten geschnitten und dekorativ mit Schinkenscheiben belegt.

carpaccio
carpaccio

200 g Rinderfilet oder Roastbeef
(gut abgehangen, sorgfältig
pariert und gut gekühlt)
Für die Sauce:
1 Ei
1 TL Weißweinessig
1/2 TL Senf
180 ml mildes Olivenöl
Salz
frisch gemahlener weißen Pfeffer
1-2 TL Zitronensaft
1 TL Worcestersauce
1-2 EL Milch

Für die Sauce zunächst eine Mayonnaise zubereiten. Dazu Ei, Essig und Senf verrühren und dann bei laufender Küchenmaschine oder laufendem Mixer langsam das Öl einlaufen lassen. Die Mayonnaise mit Salz, Pfeffer und der Hälfte des Zitronensafts würzen. Die Hälfte davon reicht für 4–6 Portionen Carpaccio-Sauce (den Rest anderweitig verwenden). Dazu die Worcestersauce unter die Mayonnaise rühren und mit der Milch so weit verdünnen, dass die Sauce gerade einen Löffelrücken überzieht. Nochmals mit Zitronensaft, Salz und Pfeffer abschmecken. Die Sauce kurz kühl stellen. Inzwischen das rohe Rinderfilet in hauchdünne Scheiben schneiden (ggf. noch etwas plattieren). 4 Teller dünn mit Olivenöl bestreichen und mit den Filetscheiben leicht überlappend auslegen. Die Teller für 5 Minuten in den Kühlschrank stellen. Dann das Carpaccio in dünnem Strahl gitterförmig mit der Sauce überziehen und sofort servieren.

Carpaccio ist mittlerweile zum Synonym für hauchdünne Scheiben von Fleisch, Fisch oder Gemüse geworden. Ersonnen wurde diese vielzitierte Kreation von Giuseppe Cipriani, dem Gründer der legendären „Harry's Bar" in Venedig. Benannt hat sie es nach Vittore Carpaccio, einem venezianischen Renaissancemaler, der berühmt ist für die brillanten Rot- und Weißtöne in seinen Gemälden. Dieses ist das „Original-Rezept", das vorzugsweise aus würzigem Roastbeef zubereitet wird. Meine persönliche Lieblingsvariante wird folgendermaßen hergestellt: Anstelle der Originalsauce wird das Carpaccio mit 1 1/2 Esslöffeln Olivenöl und 1 Teelöffel Zitronensaft beträufelt, vorsichtig gesalzen und gepfeffert, mit einigen hauchdünnen Parmesanspänen garniert und sofort serviert. Dazu schmeckt am besten nichts anderes!

primi
erster gang

Der eigentlich zweite Gang in der italienischen Menüfolge nennt sich „erster Gang" und besteht meistens aus einem Pastagericht – nicht so im Veneto, zumindest nicht traditionell. Denn in dieser Region ist nur eine klassische Pastasorte heimisch, die Bigoli. Zwar findet man heute auf den Speisekarten der Region auch Pastagerichte aller Art, die auf eine längere Tradition zurückblicken können, doch Risotto und Gnocchi nehmen weit mehr Raum ein als diese. Alleine für Risotti soll es mehr als 40 verschiedene Rezepte geben, von denen eines köstlicher schmeckt als das andere.

Im Veneto gleicht es schon fast einer Beleidigung des Kochs, aus vorgeschobenen Gründen, wie etwa dem Hinweis auf mangelnde Magenkapazität oder obskure Diätvorschriften, nicht die gesamte Menüfolge zu bestellen. In der Regel werden auf Anfrage aber auch halbe Portionen serviert, und außerdem braucht man in Italien selten Angst vor der „Wetterstrafe" für nicht leer gegessene Teller zu haben. Zu Hause dürfen wir ein cremiges Risotto oder eine Portion zarte Gnocchi natürlich auch als Hauptgericht genießen. Vielleicht noch einen frischen Salat dazu und fertig ist ein wunderbares Essen.

Salat mit Jakobsmuscheln
Rezept S. 25

insalata di mare
meeresfrüchtesalat

500 g tiefgefrorene gemischte Meeresfrüchte
1 Knoblauchzehe
2 unbehandelte Zitronen
75 ml extra natives Olivenöl (bester Qualität)
2 kleine Stangen Staudensellerie
Salz
frisch gemahlener Pfeffer
2 EL gehackte glatte Petersilie
frische Ciabatta oder Baguette

Augen schließen, kalten Prosecco dazu trinken und vom Meer träumen... und unbedingt das frische Weißbrot in die Marinade tunken!

Die Meeresfrüchte in einem Sieb auftauen lassen und kurz mit kaltem Wasser abbrausen. Wenig Wasser in einem Topf zum Kochen bringen, die geschälte Knoblauchzehe hineinpressen, die Meeresfrüchte dazugeben und bei mittlerer Hitze etwa 5 Minuten kochen lassen. Wieder in das Sieb schütten und abtropfen lassen.

Inzwischen 1 Zitrone auspressen und den Saft mit dem Öl in eine kleine Schüssel gießen. Den Sellerie putzen, von den harten Fäden befreien, in feine Streifen schneiden und dazugeben. Salzen und pfeffern und alles gut verrühren.

Die abgetropften Meeresfrüchte in eine flache Schüssel geben, das Dressing und die gehackte Petersilie dazugeben und alles gut vermischen. Den Meeresfrüchtesalat abgedeckt an einem kühlen Ort wenigstens 2 Stunden durchziehen lassen. Vor dem Servieren noch einmal gut durchmischen und abschmecken. Die zweite Zitrone in Achtel schneiden und den Salat damit garnieren. Ciabatta oder Baguette dazu reichen.

insalata di capesante
salat mit jakobsmuscheln

350 g Pilze (Champignons oder Steinpilze)
3 Tomaten
2 Bund Rucola
500 g küchenfertiges Jakobsmuschelfleisch (möglichst Nüßchen und Corail)
Salz
frisch gemahlener Pfeffer
50 ml extra natives Olivenöl (bester Qualität)
1/2 Bund fein gehackte glatte Petersilie
3 EL Aceto balsamico

Die Pilze mit Küchenpapier abreiben, putzen und in dünne Scheiben schneiden. Die Tomaten blanchieren, häuten, von Stielansatz und Kernen befreien und das Fruchtfleisch fein würfeln. Den Rucola abbrausen, trockenschleudern und von den harten Stängeln befreien.

Den Backofen auf 250 °C vorheizen. Die Jakobsmuscheln kalt abbrausen, sorgfältig trockentupfen und nebeneinander in eine feuerfeste Form legen. Mit etwas Salz und Pfeffer würzen, mit 1 Esslöffel Öl beträufeln, 5–6 Minuten im vorgeheizten Ofen garen und herausnehmen.

Inzwischen das restliche Olivenöl in einer großen Pfanne erhitzen und darin die Pilzscheiben bei mittlerer Temperatur ca. 6 Minuten anbraten. Mit Salz und Pfeffer würzen. Die Muscheln mit den Tomatenwürfeln, der gehackten Petersilie und dem Balsamico vermischen.

Die Rucolablätter auf 4 Teller verteilen. Darauf die Jakobsmuscheln anrichten und die Pilze rundherum verteilen. Mit dem Bratfond von Muscheln und Pilzen beträufeln und sofort servieren.

„Mare e monti" – die beiden Gesichter des Veneto verbinden sich in dieser feinen Speise zur perfekten Harmonie.

bigoli in salsa
bigoli mit sardellensauce

8 in Salz eingelegte Sardellenfilets
2 rote Zwiebeln
1/2 Bund glatte Petersilie
4-6 EL Olivenöl
400 g Bigoli (Vollkornspaghetti) oder dicke Spaghetti
Salz
frisch gemahlener Pfeffer

Die Sardellenfilets abbrausen, abtropfen lassen, falls nötig entgräten und in kleine Stücke schneiden. Die Zwiebeln schälen und in feine Ringe schneiden. Die Petersilie abbrausen und trockentupfen, die Blättchen von den Stängeln zupfen und grob hacken.
Die Hälfte des Olivenöls in einer Pfanne langsam erhitzen. Die Zwiebelringe und die klein geschnittenen Sardellenfilets hineingeben und unter Rühren anschwitzen, ohne die Zwiebeln Farbe nehmen zu lassen (sollten sie beginnen zu bräunen, 1 Esslöffel Wasser dazugeben); danach sollten die Sardellen vollständig zerfallen sein. Die Sardellensauce vom Herd nehmen und das restliche Olivenöl unterrühren. Die Pasta in reichlich Salzwasser nach Packungsanweisung al dente kochen. In ein Sieb abgießen, auf Teller verteilen und die Sauce darüber geben. Mit Pfeffer würzen, mit Petersilie bestreuen und sofort servieren.

Bigoli sind eine Pastaspezialität aus dem Veneto, die in der Regel aus Weizenvollkorn- oder Buchweizenmehl gemacht werden. Bei uns sind sie schwer zu finden, ersatzweise kann man aber sehr gut dicke (Vollkorn-)Spaghetti, Spaghettoni, Bucatini oder Perciatelli nehmen. Der Name „bigoli" kommt von „bigolaro", einer urtümlichen Küchenmaschine, in der Pastateig mithilfe einer Kurbel durch ein Messingrohr gedrückt wird. Verschiedene Einsätze aus Kupfer bestimmten die Form der Pasta: kurz oder lang, dick oder dünn, hohl oder kompakt. Noch heute werden lange, dicke Bigoli in guten Restaurants auf ähnliche Weise hergestellt. Das Besondere an derart gepresster Pasta ist ihre raue Oberfläche, mit der sie die Sauce sehr gut aufnehmen können.

bigoli all'anatra
bigoli mit entensauce

1 junge Ente mit Leber
(ca. 1,6–1,8 kg)
Salz
2 EL Olivenöl
6 Salbeiblätter
2 kleine Stängel Rosmarin
100 ml Weißwein
100 ml Sahne
1 TL Mehl
1 TL Butter
frisch gemahlener weißer Pfeffer
350 g Bigoli (Vollkornspaghetti)
oder Bucatini

Die Ente innen und außen unter fließendem kalten Wasser waschen und mit Küchenpapier sorgfältig trockentupfen. In 4 oder 8 Stücke teilen und diese leicht salzen. Das Öl in einem Bräter erhitzen und die Entenstücke darin rundherum in etwa 10 Minuten goldbraun anbraten. Den gewaschenen Salbei und die Rosmarin dazugeben und alles bei geschlossenem Deckel weitere 10–15 Minuten schmoren; dabei die Ententeile ein- bis zweimal wenden. Herausnehmen und etwas abkühlen lassen. Die Kräuter entfernen und das Fett mit Küchenpapier aus dem Bräter wischen. Das Entenfleisch von den Knochen lösen und in nicht zu große Würfel schneiden. Die Entenleber – ersatzweise eine andere Geflügelleber – fein hacken und zusammen mit dem gewürfelten Entenfleisch wieder in den heißen Bräter geben. Unter Rühren kurz scharf braten und dann mit dem Weißwein ablöschen. Bei mittlerer Hitze etwa 10 Minuten schmoren, bis der Weißwein eingekocht ist. Die Sahne angießen. Das Mehl mit der Butter verkneten und zum Binden in die Sauce einrühren. Mit Salz und Pfeffer würzen. Die Pasta in reichlich Salzwasser al dente kochen, gut mit der Entensauce mischen und servieren.

gnocchi di patate
kartoffelgnocchi

450 Gramm mehlig kochende ältere Kartoffeln (junge sind zu wässrig)
ca. 120 Gramm Mehl
Mehl zum Bearbeiten

Die Kartoffeln in der Schale in reichlich Salzwasser garen, abgießen, möglichst heiß pellen und sofort durch eine Kartoffelpresse in eine Schüssel drücken. Etwa 100 Gramm Mehl dazugeben und beides mit den Händen verkneten, bis eine glatte und weiche, aber nicht klebrige Masse entstanden ist. Bei Bedarf esslöffelweise Mehl zugeben (Vorsicht: Zu viel Mehl lässt die Klößchen zu fest werden und mit zu wenig fallen sie beim Kochen auseinander).
Die Kartoffelmasse zu Gnocchi formen. Dazu Hände und Arbeitsplatte mit etwas Mehl bestäuben. Den Teig zu ca. 2 Zentimeter dicken Rollen formen und diese in 2 Zentimeter lange Stücke schneiden. Danach die Gnocchi in ihre typisch Form bringen, d.h. eine Delle auf der einen und Rillen auf der anderen Seite hineindrücken (damit sie gleichmäßig garen und viel Sauce aufnehmen können). Dazu eine Gabel in die eine Hand nehmen und mit dem Zeigefinger der anderen Hand ein Teigstück gegen die Zinken drücken.
In einem möglichst breiten Topf reichlich Salzwasser zum Kochen bringen, 2–3 Gnocchi zur Probe kochen (d.h. garen, bis sie nach oben steigen) und nach 10–12 Sekunden mit einem Schaumlöffel herausheben. Fallen sie auseinander, noch 1 Ei für die zusätzliche Bindung unterkneten. Danach die übrigen Klößchen im kochenden Salzwasser wie beschrieben garen, herausheben und abtropfen lassen.

gnocchi alla salvia
gnocchi in salbeibutter

500 g Gnocchi di patate
(Rezept S.28 oder
Fertigprodukt aus dem Kühlregal)
8 frische Salbeiblätter
75 g Butter
frisch gemahlener Pfeffer
4-5 EL frisch geriebener Parmesan

Die Gnocchi nach Rezept oder Packungsanweisung garen, abgießen und in eine flache, vorgewärmte Schüssel geben. Die Salbeiblätter abbrausen, trockentupfen und in Streifen schneiden. Die Butter in einem kleinen Topf rasch aufschäumen lassen, die Salbeistreifen dazugeben und unter Rühren anschwitzen, bis die Butter zu bräunen beginnt. Die heiße Salbeibutter gleichmäßig über die Gnocchi gießen. Mit Pfeffer und Parmesan bestreuen und sofort servieren.

Dieses Rezept ist ein feines Beispiel dafür, wie die italienische Kochkunst rasch und mit wenigen guten Zutaten Köstliches zaubern kann. Mit fertig gekauften Gnocchi – gute frische Produkte aus dem Kühlregal ohne Konservierungsstoffe sind durchaus geeignet – ist dieses Gericht „fast food" im besten Sinne.

gnocchi con ragù di capriolo
gnocchi mit rehragout

500 g Rehfleisch ohne Knochen (Keule oder Schulter)
1 Knoblauchzehe
10-12 kleine weiße Zwiebeln
1/2 Stange Lauch
1 Möhre
1 Stange Staudensellerie
4 EL Olivenöl
1-2 EL Tomatenmark
1/4 l Rotwein
1 kleine Dose geschälte Tomaten
1 Stück unbehandelte Orangenschale (oder 1 TL Orangenmarmelade)
2-3 Stängel Thymian
3-4 Salbeiblätter
300 ml Wildfond (aus dem Glas)
Salz
frisch gemahlener Pfeffer
400 g Gnocchi di patate (Rezept S.28 oder Fertigprodukt aus dem Kühlregal)
1 EL gehackte glatte Petersilie

Das Rehfleisch abbrausen, trockentupfen und in 2 Zentimeter große Würfel schneiden. Knoblauch, Zwiebeln, Lauch, Möhre und Sellerie schälen bzw. putzen und mit Ausnahme des Knoblauchs fein würfeln.
Das Olivenöl in einem Bräter erhitzen und die Fleischwürfel darin kräftig anbraten. Das Tomatenmark unterrühren, kurz anrösten und mit dem Rotwein ablöschen. Den Knoblauch zum Ragout pressen. Die Dosentomaten abgießen und untermischen, den Saft beiseite stellen.
Gemüse, Orangenschale und Kräuter hinzufügen, den Wildfond angießen, salzen und pfeffern. Unter gelegentlichem Umrühren das Ragout zugedeckt etwa 30 Minuten bei geringer Hitze schmoren lassen, bei Bedarf noch etwas von dem Saft der Tomaten unterrühren.
Kurz vor Ende der Garzeit die Gnocchi nach Rezept bzw. Packungsanweisung garen. Orangenschale und Thymianstängel aus dem Ragout entfernen, nochmals abschmecken und das Fleisch mit den Gnocchi auf Tellern anrichten. Etwas gehackte Petersilie darüber streuen und servieren.

Gnocchi vertragen sich mit vielen Saucen und gehören im Veneto zur Küchentradition wie Spaghetti im übrigen Italien. Hat man Zeit und Muße, Gnocchi selbst zu machen – was nicht schwierig ist –, kommt man dem wahren Genuss dieser zarten Kartoffelklößchen auf die Spur.

spaghetti alle vongole
spaghetti mit venusmuscheln

1 kg frische Venusmuscheln
2 Knoblauchzehen
1/2 getrocknete Chilischote
150 g Kirschtomaten
4 EL Olivenöl
100 ml trockener Weißwein
frisch gemahlener Pfeffer
350 g Spaghetti
1/2 Bund glatte Petersilie

Die Muscheln unter fließendem kalten Wasser abbrausen, abbürsten und abtropfen lassen. Offene oder zerbrochene Exemplare aussortieren. Den Knoblauch schälen und fein hacken Die Tomaten halbieren.
Das Olivenöl in einer großen Deckelpfanne erhitzen und den Knoblauch darin kurz anschwitzen, ohne ihn Farbe nehmen zu lassen. Die Chilischote zerbröseln und dazugeben. Die Muscheln auf einmal in die Pfanne schütten, die Tomatenhälften darauf verteilen und die Pfanne mit dem Deckel verschließen. Die Muscheln bei großer Hitze in etwa 10 Minuten garen, währenddessen wiederholt die Pfanne bei geschlossenem Deckel rütteln, damit sich alles gut vermischt. Den Deckel abheben, den Wein angießen, etwas Pfeffer darüber mahlen und den Sud etwa 5 Minuten einkochen lassen.
Inzwischen die Spaghetti nach Packungsanweisung al dente kochen und in ein Sieb abgießen. Die Petersilie abbrausen und trockentupfen, die Blättchen abzupfen, fein hacken und über die Muscheln geben. Die Pasta in eine flache Schüssel schütten. Den Muschelsud durch ein mit einem Tuch ausgelegtes Sieb seihen (um ihn zu entsanden) und dann zusammen mit den Muscheln auf den Spaghetti verteilen.

Dies ist für mich eines der schnellsten und schmackhaftesten Meer-Gerichte überhaupt. Man „muss" im Übrigen die Muschelschalen einfach auslecken, um sich den anhaftenden köstlichen Geschmack nicht entgehen zu lassen.

pasta e fagioli
pasta mit bohnen

250 g getrocknete Bohnen
(Borlotti oder weiße Bohnen)
1 rote Zwiebel
1 Möhre
1 Stange Staudensellerie
50 g magerer Schweinebauch
50 g Speckschwarte vom Schwein
100 g Tagliatelle oder Bucatini
Salz
frisch gemahlener Pfeffer
extra natives Olivenöl
(bester Qualität)
1 TL gehackte Thymianblättchen

Die Bohnen am Vortag in reichlich kaltem Wasser einweichen. Am Tag der Zubereitung Zwiebeln, Möhre und Sellerie schälen bzw. putzen und klein schneiden. Den Schweinebauch würfeln.
Den Speck mit dem Gemüse in einem Suppentopf bei mittlerer Hitze knapp 10 Minuten andünsten. Den Topf vom Herd nehmen, die abgetropften Bohnen und die Speckschwarte dazugeben. Mit Wasser bedecken, zum Kochen bringen und bei geringer Hitze köcheln lassen, bis die Bohnen gar sind: das dauert je nach Sorte 1–2 Stunden, darum immer wieder probieren, ob die Bohnen schon weich sind. Danach etwa ein Drittel der weichen Bohnen durch ein Sieb passieren und wieder zurück in den Topf geben.
Die Pasta in kleine Stücke brechen und dann in der Suppe al dente kochen; falls die Konsistenz zu dickflüssig werden sollte, etwas heißes Wasser zugeben. Kräftig mit Salz und Pfeffer würzen und vom Herd nehmen. Die Speckschwarte herausnehmen, in feine Streifen schneiden und auf 4 tiefe Teller verteilen. Die Suppe in die vorbereiteten Teller füllen und ein paar Minuten abkühlen lassen – sie schmeckt dann besser als kochend heiß. Vor dem Servieren einige Tropfen Olivenöl und gehackten Thymian darüber geben.

Puristen behaupten, dass dieses Gericht traditionell ohne Olivenöl zubereitet wird. Ich finde aber, es schmeckt mit richtig gutem und fruchtigem Olivenöl so köstlich, dass es erlaubt sein sollte, die Tradition weiterzuentwickeln.

risi e bisi
reis mit erbsen

1 kg frische Erbsen in der Schote
(ersatzweise 700 g extra feine TK-Erbsen)
1 Zwiebel
60 g frische Butter
Salz
1 1/4 l heiße Fleischbrühe (Rezept S. 40 oder gutes Fertigprodukt)
250 g Risottoreis (siehe Tipp S. 34)
1 Prise Zucker
frisch geriebene Muskatnuss
2 EL frisch gehackte Petersilie
100 g frisch geriebener Parmesan
frisch gemahlener schwarzer Pfeffer

Frische Erbsen aus den Schoten lösen, abbrausen und abtropfen lassen. TK-Erbsen in ein Sieb schütten, kurz mit kaltem Wasser abbrausen und abtropfen lassen. Die Zwiebel schälen und fein hacken.
Die Butter in einem Topf erhitzen und die Zwiebel bei mittlerer Hitze darin glasig dünsten. Erbsen und eine gute Prise Salz (damit die Erbsen schön grün bleiben) hinzufügen. 2–3 Minuten vorsichtig umrühren, bis die Erbsen gleichmäßig mit Fett überzogen sind. 1 Liter Fleischbrühe angießen und alles ca. 10 Minuten sanft köcheln lassen. Den Reis einrieseln lassen, gut umrühren und bei geschlossenem Deckel sanft bissfest garen; das dauert etwa 20 Minuten. Gelegentlich umrühren und gegen Ende der Garzeit so viel heiße Brühe zugeben, dass das Gericht die Konsistenz einer dicken Suppe erhält. Mit Zucker und Muskat würzen. Die Petersilie und die Hälfte des Parmesans in die Suppe einrühren. Nochmals abschmecken und servieren. Den restlichen Parmesan und die Pfeffermühle zum individuellen Würzen dazu reichen.

Risi e bisi, „bisi" kommt von „piselli", italienisch für „Schoten", ist ein sehr altes und beliebtes venezianisches Gericht. Traditionsgemäß wird es am 25. April jeden Jahres zum ersten Mal gegessen und begleitet die Venezianer dann das ganze Frühjahr hindurch. Am diesem Tag begeht Venedig seinen höchsten Feiertag, den Geburtstag von San Marco, dem Schutzpatron der alten Republik.

risotto al parmigiano
parmesan-risotto

1 kleine Zwiebel
1 l Fleischbrühe (Rezept S. 40 oder gutes Fertigprodukt)
2 EL Olivenöl
300 g Risottoreis
50 g frisch geriebener Parmesan
30 g weiche Butter
Salz nach Belieben

Die Zwiebel schälen und fein hacken. In einem Topf die Brühe zum Sieden bringen. In einem weiteren Topf das Öl erhitzen und die Zwiebel darin glasig dünsten. Den Reis hinzufügen und umrühren, bis die Reiskörner mit Fett überzogen sind.
Etwa 1/8 Liter der siedenden Brühe angießen und bei starker Hitze und unter ständigem Rühren kochen, bis die Flüssigkeit vollständig verdampft ist. Diesen Vorgang wiederholen, bis der Reis nach 15–20 Minuten gar ist; er soll cremig weich sein, aber noch Biss haben. Nach 15 Minuten immer wieder probieren und die Zugabe der Flüssigkeit so steuern, dass der fertige Reis noch gut feucht, aber nicht flüssig ist. Sollte die vorbereitete Brühe dafür nicht ausreichen, mit heißem Wasser fortfahren.
1–2 Minuten vor dem Ende der Garzeit den geriebenen Parmesan und die Butter zugeben, dabei ständig umrühren, damit der Parmesan schmelzen und alle Reiskörner umhüllen kann. Falls nötig salzen und den Risotto servieren.

Der an sich schon köstliche Parmesan-Risotto ist zugleich die Basis für viele andere delikate Variationen dieser italienischen Spezialität (siehe S. 36–38). Ein echter Risotto kann nur mit italienischem Risottoreis gelingen. Im Veneto wird mit Vialone Nano eine spezielle Sorte angebaut, die den Risotto locker oder wellig macht, „all'onda", wie man dort sagt. Diese Sorte wird bevorzugt in der Umgebung von Verona angebaut, wo der Reis schon seit dem 16. Jahrhundert zu Hause ist. Andere sehr gute Reissorten sind Arborio und Carnaroli. Auch bei uns ist Risottoreis in guter Qualität überall erhältlich. Allerdings ist die Güte der Brühe ebenso entscheidend für das Gelingen eines guten Risottos. Und obwohl man sich mit hochwertigen Fertigprodukten durchaus behelfen kann, möchte ich Ihnen doch das Grundrezept für eine hausgemachte Fleischbrühe (Rezept S. 40) ans Herz legen. Sie ist nicht nur für Risotto ideal, sondern auch immer dann, wenn in einem Rezept Brühe gefragt ist.

Kürbisrisotto
Rezept S. 36

risotto con asparagi verdi
risotto mit grünem spargel

2 Schalotten
1 Stange Staudensellerie
500 g grüner Spargel
3 EL Olivenöl
Salz
frisch gemahlener Pfeffer
1 Rezept Parmesan-Risotto
(siehe S. 34)
2 EL fein gehackte glatte Petersilie

Die Schalotten schälen und fein hacken. Den Sellerie putzen, von den harten Fäden befreien und fein würfeln. Die Spargelstangen von den unteren holzigen Enden befreien und in 2 Zentimeter lange Stücke schneiden.

Das Olivenöl in einer Pfanne erhitzen, Schalotten und Sellerie bei mittlerer Hitze 5 Minuten darin andünsten. Die Spargelstücke dazugeben, leicht salzen und pfeffern und unter Rühren 5 Minuten mitbraten.

Den Parmesan-Risotto nach Rezept zubereiten und dabei das Spargelgemüse gleich zu Beginn zum Reis geben. Den fertigen Spargelrisotto mit der gehackten Petersilie bestreuen.

Für dieses Rezept kann man auch weißen Spargel verwenden, grüner schmeckt jedoch kräftiger und macht weniger Arbeit.

risotto con la zucca
kürbisrisotto

500 g Kürbis (Hokkaido oder eine andere aromatische Sorte)
1 EL Butter
1 Rezept Parmesan-Risotto
(siehe S. 34)

Den Kürbis schälen, von Kernen und dem faserigen Inneren befreien und das Fruchtfleisch in kleine Würfel schneiden. Den Parmesan-Risotto nach Rezept zubereiten und dabei die Kürbiswürfel und die Butter schon mit den Zwiebeln andünsten. Alles bei mäßiger Hitze unter ständigem Rühren 8 Minuten dünsten, dann den Risotto nach Rezept fertigstellen.

Auch der Kürbis spielt im Gemüseland Veneto eine große Rolle und so ist es nicht verwunderlich, ihn in diesem einfachen wie köstlichen Gericht anzutreffen.

risotto con radicchio trevigiano
risotto mit radicchio aus treviso

1-2 Schalotten
250 g Radicchio di Treviso
1-2 EL Olivenöl
Salz
frisch gemahlener Pfeffer
100 ml trockener Weißwein
1 Rezept Parmesan-Risotto
(siehe S. 34)

Die Schalotte(n) schälen und fein hacken. Den Radicchio abbrausen, trockentupfen und vierteln. Den Strunk entfernen und die Blätter grob zerteilen.
Das Öl in einer Pfanne erhitzen und die Schalotte(n) darin glasig dünsten. Radicchioblätter dazugeben und 4–5 Minuten mitdünsten. Mit Salz und Pfeffer würzen, mit dem Weißwein ablöschen und diesen bei starker Hitze etwa 2 Minuten einkochen lassen. Das Gemüse vom Herd nehmen und warm halten.
Den Parmesan-Risotto nach Rezept zubereiten. Den Radicchio beim ersten Zugießen der Brühe zugeben. Behalten Sie etwas vom gedünsteten Radicchio zurück, um den fertigen Risotto damit zu garnieren.

Der unvergleichliche Radicchio aus Treviso, der diesem Gericht seinen interessanten bitter-süßen Geschmack gibt, ist eine begehrte Gemüsespezialität aus dem Veneto. Seine längliche Form erinnert eher an Chicorée als an die kleinen runden Radicchio-Köpfe, wie sie meistens bei uns angeboten werden. Und dementsprechend ist geschmacklich dann auch der Chicorée die bessere Alternative, wenn man keinen Radicchio aus Treviso bekommt. Möchte man auf die attraktivere Farbe des Radicchio jedoch nicht verzichten, schmort man die eher bitteren Blätter der kleinen runden Sorte, gibt eine gute Prise Zucker zu und ersetzt das Öl durch Butter.

risotto nero
schwarzer risotto

1 Zwiebel
500 g küchenfertiger Tintenfisch
1 Knoblauchzehe
50 ml Olivenöl
100 ml trockenen Weißwein
1 Portionsbeutel Tintenfischtinte
300 g Risottoreis
1 l Fischfond (gutes Fertigprodukt)
30 g weiche Butter
Salz
frisch gemahlener Pfeffer
1/2 Bund glatte Petersilie

Die Zwiebel schälen und fein hacken. Den Tintenfisch abbrausen, trockentupfen und in etwa 1 Zentimeter breite Streifen schneiden. Den Knoblauch schälen.
Das Olivenöl in einem Topf erhitzen und die Zwiebel darin glasig dünsten. Tintenfisch und Knoblauch dazugeben und unter Rühren bei stärkerer Hitze 2–3 Minuten anbraten.
Mit dem Weißwein ablöschen, die Tinte zugeben und alles etwa 10 Minuten einkochen.
Den Reis unterrühren, etwas Fischfond dazugießen und den Risotto zu Ende kochen, wie im Rezept für Parmesan-Risotto (Rezept S. 34) beschrieben. Mit Salz und Pfeffer würzen und mit der gehackten Petersilie garnieren.

Tintenfischtinte ist mittlerweile in vielen Lebensmittel- und Fischgeschäften erhältlich. Küchenfertige Tintenfische oder Sepien werden auch tiefgefroren angeboten.

polenta con funghi porcini
polenta mit steinpilzen

- 2 Schalotten
- 1 Knoblauchzehe
- 500 g frische Steinpilze
- 8 EL Olivenöl
- Salz
- frisch gemahlener Pfeffer
- 2 EL fein gehackte glatte Petersilie
- 3 EL Sahne
- 1 Rezept Polenta (siehe S. 70)

Schalotten und Knoblauch schälen und fein hacken. Pilze mit Küchenpapier abreiben, putzen und grob hacken. Das Olivenöl in einer Pfanne erhitzen und Schalotten und Knoblauch darin hell andünsten. Die Steinpilze zugeben und bei relativ großer Hitze 5–6 Minuten unter gelegentlichem Schwenken der Pfanne braten; danach sollte die Flüssigkeit vollständig verdampft sein.
Mit Salz, Pfeffer und Petersilie würzen. Die Sahne angießen, alles gut verrühren und noch einmal kurz aufkochen lassen. Sofort mit der heißen Polenta servieren.

Für 6 Personen

prataioli marinati su radicchio
marinierte pilze auf radicchio

- 500 g kleine Champignons
- 3 Knoblauchzehen
- 4 EL Olivenöl
- 1/2 TL Salz
- 1 EL brauner Zucker
- 50 ml Aceto balsamico
- 1 TL fein gehackte Rosmarinnadeln
- frisch gemahlener Pfeffer
- 1-2 Radicchio aus Treviso
- 8 Scheiben Ciabatta oder Baguette

Die Champignons mit Küchenpapier abreiben, putzen und je nach Größe vierteln, halbieren oder ganz belassen. Den Knoblauch schälen.
Das Öl in einer Pfanne erhitzen und die Pilze darin unter Wenden kurz andünsten. Salz und Zucker darüber streuen, 2 Knoblauchzehen dazupressen. Die Pilze unter häufigem Wenden braun braten. Mit Balsamico ablöschen, den Rosmarin unterrühren und bei großer Hitze die Flüssigkeit vollständig verkochen lassen. Mit Pfeffer würzen und die Pilze abkühlen lassen.
Den Radicchio entblättern. Die Blätter abbrausen, trockenschleudern und dekorativ auf einer Platte verteilen. Das Brot toasten und mit der verbliebenen Knoblauchzehe einreiben. Die lauwarmen Champignons darauf anrichten und mit den getoasteten Brotscheiben servieren.

brodo di carne casalingo
hausgemachte fleischbrühe

2 Stangen Staudensellerie
1/2 rote Paprikaschote
1 Kartoffel
1 Tomate
1 Möhre
1 Zwiebel
2 1/2 kg Rind- und Kalbfleisch mit Knochen (max. 1 kg Knochen)
Salz

Am Vortag das Gemüse schälen bzw. putzen und grob klein schneiden. Das Fleisch und die Knochen abbrausen und trockentupfen. Gemüse, Fleisch und Knochen in einen großen Suppentopf geben und knapp handbreit mit Salzwasser bedecken. Bei mittlerer Hitze und halb aufgelegtem Deckel zum Kochen bringen. Dann die Hitze reduzieren und die Brühe 3 Stunden schwach sieden lassen. Zwischendurch den aufsteigenden Schaum mit einem Schaumlöffel abschöpfen. Die Brühe durch ein Passiertuch oder ein sauberes Küchenhandtuch seihen und ohne Deckel auskühlen lassen. Über Nacht in den Kühlschrank stellen, damit sich das Fett an der Oberfläche absetzt. Es kann danach leicht abgehoben werden.

So vorbereitet kann die Brühe 3 Tage im Kühlschrank aufbewahrt werden. Oder man friert sie portionsweise ein und hat dann immer beste Fleischbrühe vorrätig.

zuppa di pollo
hühnersuppe

3 Zwiebeln
2 Gewürznelken
100 g Butter
1,5 l Fleischbrühe (Rezept S. 40 oder gutes Fertigprodukt)
1 Poularde (1,2–1,5 kg) mit Leber
2 EL Olivenöl
50 g gewürfelter magerer Bauchspeck
1 EL gehackte Rosmarinnadeln
100 ml trockener Weißwein
Salz
frisch gemahlener Pfeffer
12 Scheiben Ciabatta oder Baguette
50–80 g frisch geriebener Parmesan

Die Zwiebeln schälen und 2 davon in dünne Ringe schneiden. Die dritte Zwiebel mit den Nelken spicken. In einem Topf die Hälfte der Butter erhitzen und die Zwiebelringe darin glasig dünsten. Die Fleischbrühe angießen und die gespickte Zwiebel dazugeben. Bei geringer Hitze abgedeckt einige Minuten köcheln lassen.
Die Poularde innen und außen gründlich abbrausen, trockentupfen und in 12 Stücke zerteilen. Die Leber abbrausen, putzen und fein hacken.
In einem Suppentopf Olivenöl und restliche Butter auf mittlere Temperatur erhitzen. Den Bauchspeck und den Rosmarin darin unter Rühren 2–3 Minuten andünsten. Die Hühnerteile dazugeben und rundherum goldbraun anbraten. Die Leber einlegen, mit dem Weißwein ablöschen. Etwas von der Brühe angießen, salzen, pfeffern und das Fleisch bei geringer Hitze in ca. 30 Minuten garen. Die Hühnerteile sollen dabei nicht ganz bedeckt sein, sondern in wenig Flüssigkeit schmoren.
Zur Garprobe eine Keule bis zum Knochen anschneiden: Der austretende Saft muss klar sein. Bei Bedarf die Garzeit verlängern und noch etwas von der Brühe angießen. Wenn das Huhn gar ist, die Suppe mit der restlichen Brühe bis auf etwa 1,2 Liter auffüllen. Die gespickte Zwiebel entfernen.
Die Brotscheiben toasten oder auf einem geölten Backblech im auf 220 °C vorgeheizten Backofen rösten. Je 2 Scheiben in einen Suppenteller legen, die Hühnerstücke darauf legen, reichlich frisch geriebenen Parmesan darüber streuen und mit Suppe übergießen.

Für 6 Personen

zuppa di finocchio
fenchelsuppe

50 g magerer Bauchspeck
2 Zwiebeln
500 g Fenchel
6 EL Olivenöl
1 EL Tomatenmark
1 l Fleischbrühe (Rezept S. 40 oder gutes Fertigprodukt)
2 EL gehackte glatte Petersilie
Salz
frisch gemahlener Pfeffer
8 kleine Scheiben Ciabatta oder helles Landbrot
4 EL frisch geriebener Parmesan

Den Bauchspeck fein würfeln. Die Zwiebeln schälen und fein hacken. Die Fenchelknolle putzen. 2 Esslöffel des Fenchelgrüns fein hacken und beiseite legen. Die Fenchelknolle vierteln und klein schneiden, dabei den Strunk entfernen.

2 Esslöffel Olivenöl in einem Suppentopf erhitzen und darin die Speckwürfel auslassen. Zwiebelwürfel und Fenchelstücke dazugeben und unter Rühren glasig dünsten. Das Tomatenmark einrühren, die Brühe angießen und alles zum kochen bringen. Die Suppe zugedeckt bei geringer Hitze 30 Minuten köcheln lassen. Dann die Hälfte der gehackten Petersilie einstreuen, salzen, pfeffern und die Suppe noch einmal kurz aufkochen lassen.

Inzwischen das Brot toasten oder im auf 220 °C vorgeheizten Backofen auf dem Backblech rösten und mit dem restlichen Olivenöl beträufeln. Die Suppe in 4 Teller verteilen, je 2 Scheiben Brot darauf legen. Das Brot mit Parmesan und restlicher Petersilie bestreuen und die Suppe sofort servieren.

zuppa al vino di asiago
weinsuppe aus asiago

4 EL Olivenöl
4 große Scheiben
helles Landbrot vom Vortag
1 geschälte Knoblauchzehe
4 große Scheiben Asagio pressato
(ersatzweise Edamer)
200 ml trockener Weißwein
1 l Fleischbrühe (Rezept S. 40 oder
gutes Fertigprodukt)
frisch gemahlener Pfeffer

Den Backofen auf 160 °C vorheizen. Öl in einer Pfanne erhitzen und die Brotscheiben darin knusprig braten. Jede Scheibe mit der halbierten Knoblauchzehe einreiben, mit 1 Scheibe Käse belegen und in eine feuerfeste Form legen. Zuerst den Wein und dann die Brühe angießen. Für 15–20 Minuten auf der mittleren Schiene in den vorgeheizten Backofen schieben. Herausnehmen, mit Pfeffer würzen und heiß servieren.

Dieses alte Rezept stammt aus der Gegend um Asiago, einer kleinen Gemeinde am Fuß der Dolomiten. Nach ihr ist der gleichnamige Käse aus dem Veneto benannt. – Und die Leute aus den Bergen müssen ja wissen, wie man mit der Winterkälte umgeht: Ein Teller heiße Suppe und dazu vielleicht noch ein Gläschen samtiger Rotwein, das wärmt Leib und Seele.

Seeteufel nach venezianischer Art
Rezept S. 53

secondi
zweiter gang mit fisch
con pesce

Üblicherweise hat der Gast im italienischen Restaurant beim Hauptgericht die Wahl zwischen Fisch und Fleisch, weshalb beide Optionen oft getrennt aufgeführt werden.
Die Vielfalt der Fischgerichte charakterisiert das Veneto einmal mehr als Region zwischen „mare e monti". Frische Fische und Meeresfrüchte aus der Lagune prägen die leichte und feine Küche Venedigs. Ob Tintenfisch, Brasse oder Seeteufel, fast im Handumdrehen und oft mit nur wenigen Zutaten wird der Reichtum des Meeres so auf die Teller gezaubert, dass jedem Fischliebhaber das Wasser im Munde zusammenläuft.
Selbst eingefleischte Fischstäbchenfreunde und Zeitgenossen mit ausgeprägter Grätenphobie sollen da schon schwach worden sein.

Und wer es lieber deftiger mag, für den halten die Berge, bzw. die zahlreichen Gebirgsflüsse z.B. mit dem Aal eine besondere Spezialität bereit. Kräftig geschmort etwa oder einfach mit frischem Lorbeer gebacken, ist er auf vielen Speisekarten des Veneto bis hinauf in die Berge zu finden.
Ja, und dann ist da noch die Liebe zum Stockfisch. Sie zumindest eint „mare e monti", denn der „baccalà" ist seit seiner „Entdeckung" im 15. Jahrhundert überall im Veneto zum festen Bestandteil der traditionellen und bodenständigen Küche geworden. Ob diese Art der Einbindung einer importierten Spezialität ein Zeichen für die besondere Weltoffenheit der Serenissima war, soll hier dahingestellt bleiben. Obwohl, interessant ist diese Frage schon und wäre doch der passende Gesprächs-Stoff zu „baccalà alla vicentina" mit Polenta. – Und der Mais musste ja auch erst einmal in Südamerika entdeckt werden.

baccalà alla vicentina
stockfisch nach vicenza-art

ca. 800 g gewässerter Stockfisch
2 Schalotten
3 Sardellenfilets
2 Knoblauchzehen
5-6 EL extra natives Olivenöl
(bester Qualität)
2 EL gehackte glatte Petersilie
Salz
frisch gemahlener Pfeffer
3/4 l Vollmilch
frisch geriebene Muskatnuss
3-4 EL frisch geriebener Parmesan

Den Stockfisch wie im Rezept für Stockfischpüree (siehe S. 15) beschrieben vorbereiten, aber nicht zerpflücken, sondern in großen Stücken belassen. Die Schalotten schälen und fein hacken. Die Sardellenfilets abbrausen, trockentupfen, bei Bedarf entgräten und ebenfalls fein hacken. Die Knoblauchzehen schälen.

Das Olivenöl in einer Kasserolle erhitzen, Schalotten, Sardellen und die Knoblauchzehen im Ganzen hinzufügen. Unter Rühren bei mittlerer Temperatur dünsten, bis die Schalotten glasig sind. Die Hälfte der gehackten Petersilie einstreuen.

Die Stockfischstücke einlegen und von beiden Seiten leicht anbraten. Mit Salz, Pfeffer und Muskat würzen. Den Knoblauch wieder aus der Kasserolle nehmen. So viel Milch angießen, dass der Fisch knapp bedeckt ist und alles zugedeckt 1 1/2 Stunden bei geringer Hitze köcheln lassen; danach sollte die Milch fast vollständig eingekocht sein. Falls nötig noch etwas Milch nachgießen, ohne umzurühren.

Kurz vor Ende der Garzeit den Backofen auf 220 °C vorheizen. Den gegarten Fisch mit der restlichen Petersilie und dem geriebenen Parmesan bestreuen. Die Kasserolle ohne Deckel in den vorgeheizten Backofen schieben und den Fisch 10 Minuten überbacken. Mit gebratenen Polentafingern (siehe Tipp zum Rezept S. 70) servieren.

So intensiv fischig der Stockfisch im trockenen Zustand auch riechen mag, so angenehm mild und wohlschmeckend wird er nach dieser – zugegebenermaßen etwas aufwendigeren – Zubereitung.

baccalà dolce e forte
stockfisch süßsauer

50 ml Weißweinessig
100 ml guter trockener Weißwein
2 EL Zucker
2 EL Pinienkerne
2 EL Rosinen
ca. 800 g gewässerter Stockfisch
Mehl
Olivenöl zum Frittieren

Essig, Wein, Zucker, Pinienkerne und Rosinen in einem kleinen Topf zum Kochen bringen, die Hitze reduzieren und den Topfinhalt 10 Minuten leise köcheln lassen, beiseite stellen. Den Stockfisch wie im Rezept für Stockfischpüree (siehe S. 15) vorbereiten, jedoch nicht zerpflücken, sondern in 4 x 6 Zentimeter große Rechtecke schneiden und in Mehl wenden.
In einer Pfanne reichlich Olivenöl sehr heiß werden lassen und die Fischstücke darin portionsweise goldbraun frittieren. Auf Küchenpapier abtropfen lassen. Wenn alle Fischstücke frittiert sind, das Öl wegschütten und den Stockfisch zurück in die Pfanne legen. Mit der vorbereiteten Sauce übergießen und noch einmal kurz erhitzen. Sofort servieren, damit der Fisch nicht zu weich wird. Dazu passt Polenta (Rezept S. 70).

Diese ungewöhnliche und delikate Würzkomposition erinnert an Sardinen in Saor-Marinade (Rezept S. 17) und hat im Veneto eine lange Tradition.

bisato sull'ara
gebackener aal mit lorbeerblättern

600 g küchenfertiger Aal
(gehäutet und filetiert)
grobkörniges Meersalz
10-12 frische Lorbeerblätter

Den Backofen auf 200 °C vorheizen. Den vorbereiteten Aal in 5–6 Zentimeter lange Stücke schneiden, mit etwas grobem Salz bestreuen und abwechselnd mit den frischen Lorbeerblättern in eine kleine Auflaufform schichten (sie sollte gerade so groß sein, das sich mindestens 2 Schichten Fisch mit einer Schicht Lorbeerblättern abwechseln).
Den Aal im vorgeheizten Backofen auf mittlerer Schiene in 30–40 Minuten garen. Die Garzeit hängt von der Schichtdicke ab, deshalb nach 30 Minuten Garprobe machen. Lässt sich das Stäbchen leicht durch die Schichten stecken, ist der Aal gar. Sofort in der Form servieren. Dazu können Sie Polenta (Rezept S. 70) und/oder Gemüseragout (Rezept S. 73) und frisches Brot reichen.

Der Aal heißt im Veneto „bisato", und es gibt ihn reichlich in den Flüssen und fast auf jeder Speisekarte. Einfach und gut ergänzen sich in diesem Rezept nur 2 Zutaten zu einem ganz besondern Genuss. Bitten Sie auf jeden Fall den Fischhändler Ihres Vertrauens, den Aal zu häuten und zu filetieren, das spart Zeit und glitschigen Ärger!

stufato di bisato
geschmorter aal

600 g küchenfertiger Aal
(gehäutet und filetiert)
1 EL Mehl
3 EL Olivenöl
1/8 l Gemüsefond
(gutes Fertigprodukt)
2 EL Tomatenmark
1/8 l trockener Rotwein
1 Stängel Rosmarin
1 Lorbeerblatt
1/2 fein gehackte Chilischote
3 Tomaten
1 EL gehackte glatte Petersilie
1 TL Thymianblätter
Salz
frisch gemahlener Pfeffer

Den vorbereiteten Aal in 3–4 Zentimeter lange Stücke schneiden und leicht mit Mehl bestäuben. Das Olivenöl in einer Pfanne erhitzen und die Fischstücke bei starker Hitze rundum kräftig anbraten. Mit dem Gemüsefond ablöschen und das Tomatenmark einrühren. Den Rotwein angießen, den Rosmarinstängel, das Lorbeerblatt und die gehackte Chilischote hinzufügen und alles bei geringer Hitze 15 Minuten köcheln lassen.
In der Zwischenzeit die Tomaten blanchieren, von Haut, Stielansatz und Kernen befreien und fein würfeln. Tomaten, gehackte Petersilie und Thymianblätter zum Aal geben, einmal umrühren und weitere 10 Minuten schmoren lassen. Mit Salz und Pfeffer würzen. Die Aalstücke mit der Sauce auf vorgewärmten Tellern anrichten und sofort servieren. Dazu wird im Veneto gerne Polenta gereicht (Rezept S. 70).

sarde ripiene
gefüllte sardinen

12 mittelgroße Sardinen
(ca. 1-1,2 kg)
80 g Semmelbrösel
80 g frisch geriebener Parmesan
2 EL gehackte glatte Petersilie
1 TL gehackte Rosmarinnadeln
2 Knoblauchzehen
Salz
frisch gemahlener Pfeffer
3 EL extra natives Olivenöl
(bester Qualität)
Olivenöl zum Beträufeln und
für das Backblech

Die Sardinen entlang der Bauchseite aufschneiden, unter fließendem kalten Wasser ausnehmen. Die Mittelgräte bis zum Schwanz freilegen, dort abschneiden, vorsichtig herausziehen und zusammen mit dem Kopf entfernen. Die Rückenflosse ebenfalls entfernen und die Sardinen mit Küchenpapier trockentupfen.

Semmelbrösel, Parmesan und gehackte Kräuter in eine kleine Schüssel geben und die geschälten Knoblauchzehen dazupressen. Mit Salz und Pfeffer würzen und mit dem Olivenöl zu einer festen Paste vermengen.

Den Backofen auf 180 °C vorheizen. Die Sardinen mit der Paste füllen und wieder zusammenklappen. Die gefüllten Sardinen auf ein leicht gefettetes Backblech legen, mit etwas Olivenöl beträufeln und im vorgeheizten Backofen auf der mittleren Schiene 10–12 Minuten braten. Mit einem gemischten Blattsalat und frischer Ciabatta oder Baguette servieren.

seppie alla veneziana
tintenfisch nach venezianischer art

600 g küchenfertiger Tintenfisch
1 Zwiebel
1 Stange Staudensellerie
80 ml Olivenöl
1 Knoblauchzehe
3 Tomaten
1/4 l trockener Weißwein
1 EL gehacktes Basilikum
1 EL gehackte glatte Petersilie
1 EL gehackter Thymian
1 Portionsbeutel Tintenfischtinte
Salz
frisch gemahlener Pfeffer
Gemüsebrühe (gutes Fertigprodukt)
oder Wasser nach Bedarf
Zitronensaft nach Belieben

Die küchenfertigen Tintenfische abbrausen, in 1/2 Zentimeter breite Streifen schneiden und abtropfen lasen. Die Zwiebel schälen, den Sellerie putzen, von den harten Fäden befreien und beides fein würfeln. Den Knoblauch schälen.
Das Öl in einem Schmortopf erhitzen, Zwiebel und Sellerie hineingeben, den Knoblauch dazupressen und alles bei mittlerer Hitze etwa 5 Minuten dünsten.
Inzwischen die Tomaten blanchieren, von Haut, Stielansatz und Kernen befreien, fein würfeln und zugeben. Die Tintenfischstreifen einlegen und unter Rühren bei erhöhter Temperatur einige Minuten andünsten. Den Wein angießen, erneut aufkochen, dann die gehackten Kräuter einstreuen und die Tintenfischtinte dazugeben. Alles gut vermischen, mit Salz und Pfeffer würzen und bei geringer Hitze mit halb aufgelegtem Deckel 1–1 1/2 Stunden schmoren; danach sollte der Tintenfisch weich sein. Währenddessen gelegentlich umrühren und, falls nötig, noch etwas Brühe oder Wasser zugießen. Mit Zitronensaft abschmecken und mit Brot oder gebratenen Polentascheiben (siehe Tipp zum Rezept S. 70) servieren.

Wer sich auskennt und die Arbeit nicht scheut, kann die Tintenfische natürlich auch selbst ausnehmen und dabei die Tinte, die diesem traditionellen venezianischen Gericht den besonderen Geschmack gibt, selbst gewinnen.

capesante con pomodoro
jakobsmuscheln mit tomaten

300 g Tomaten
3 Knoblauchzehen
6 EL Olivenöl
1 EL gehackte Rosmarinnadeln
1 Msp. Chilipulver
Salz
600 g küchenfertiges Jakobsmuschelfleisch (möglichst Nüßchen und Corail)
frisch gemahlener Pfeffer
2-3 EL Sahne

Die Tomaten blanchieren, von Haut, Stielansatz und Kernen befreien und fein würfeln. Den Knoblauch schälen und fein hacken. 4 Esslöffel Olivenöl in einer Pfanne erhitzen. Knoblauch und Rosmarin dazugeben und unter Rühren andünsten, bis der Knoblauch gerade zu bräunen beginnt. Tomaten zufügen und gut verrühren. Vorsichtig mit Chilipulver und Salz würzen und bei geringer Hitze 6–8 Minuten köcheln lassen. Inzwischen die Jakobsmuscheln abbrausen und trockentupfen. Das restliche Olivenöl in einer zweiten Pfanne erhitzen.
Die Jakobsmuscheln leicht pfeffern, salzen und im heißen Öl auf jeder Seite 1–1 1/2 Minuten braten. Aus der Pfanne nehmen und auf vorgewärmte Teller verteilen.
Die Sahne zur Tomatensauce geben, rasch verrühren und noch einmal kurz aufkochen lassen. Auf den Muscheln verteilen und sofort servieren. Dazu frisches Weißbrot reichen.

coda di rospo alla veneziana
seeteufel nach venezianischer art

600 g küchenfertige Seeteufelfilets
Salz
frisch gemahlener Pfeffer
140 ml extra natives Olivenöl (bester Qualität)
450 g grüne Bohnen
20 g Butter
Saft von 1 Zitrone
1 geschälte Knoblauchzehe
2 EL gehackte glatte Petersilie

Die Seeteufelfilets abbrausen, trockentupfen, salzen, pfeffern und in eine flache Schüssel legen. Knapp 1/3 des Olivenöls darüber gießen, den Fisch mehrfach darin wenden und zugedeckt für 30 Minuten in den Kühlschrank stellen.

Inzwischen den Backofen 220 °C vorheizen. Die Bohnen putzen und in reichlich Salzwasser in 6–7 Minuten bissfest kochen. Mit eiskaltem Wasser abschrecken und abtropfen lassen. Die Butter in einer großen Pfanne erhitzen und die Bohnen darin unter Rühren 5 Minuten dünsten.

Die Fischfilets aus dem Öl nehmen, in eine feuerfeste Form legen und im vorgeheizten Backofen auf der mittleren Schiene 8–10 Minuten garen, dabei einmal wenden.

Aus Zitronensaft, restlichem Olivenöl, durchgepresster Knoblauchzehe und gehackter Petersilie eine Sauce rühren. Mit Salz und Pfeffer würzen. Die gegarten Seeteufelfilets auf eine vorgewärmte Servierplatte legen, die grünen Bohnen darum herum verteilen und alles mit der Sauce überziehen.

dentice alla veneta
zahnbrasse nach venetischer art

1 kg Zahnbrasse im Ganzen
(oder 750-800 g anderen
küchenfertige Fische)
Salz
Saft von 1 Zitrone
4 Sardellenfilets
1 EL Kapern
1 Knoblauchzehe
300 g Tomaten
6 EL extra natives Olivenöl
(bester Qualität)
3 EL gehackte glatte Petersilie
100 ml trockener Weißwein
100 g grob gehackte schwarze Oliven
frisch gemahlener Pfeffer
1/2 TL getrockneter Oregano

Den Fisch innen und außen abbrausen und trockentupfen. Innen und außen salzen, mit dem Zitronensaft beträufeln und 30 Minuten ziehen lassen.
Inzwischen die Sardellenfilets abbrausen, bei Bedarf entgräten und fein hacken. Die Kapern ebenfalls fein hacken. Den Knoblauch schälen. Die Tomaten blanchieren, von Haut, Stielansatz und Kernen befreien und fein würfeln.
Den Backofen auf 200 °C vorheizen. Die Hälfte des Olivenöls in einer kleinen Pfanne erhitzen und Sardellen, Kapern und Petersilie bei geringer Hitze darin andünsten. Den Knoblauch dazupressen und 5 Minuten mitdünsten. Die Hälfte des Weißweins angießen und bei erhöhter Temperatur fast vollständig einkochen lassen. Die Tomaten dazugeben und 5 Minuten mitköcheln lassen. Dann die gehackten Oliven unterrühren, salzen, pfeffern und alles weitere 10 Minuten bei geringer Hitze köcheln lassen.
Eine feuerfeste Form mit 2 Esslöffeln Olivenöl einfetten und den marinierten Fisch einlegen. Die vorbereitete Sauce darüber geben, den restlichen Weißwein angießen und den Oregano darüber streuen. Die Brasse mit dem restlichen Öl beträufeln und im vorgeheizten Backofen auf der mittleren Schiene 20 Minuten garen. Heiß servieren.

Meerbrassen – oder Doraden – sind sehr beliebte und wohlschmeckender Speisefische. Die Zahnbrasse hat etwas grobfaserigeres Fleisch und eignet sich deshalb besonders gut für Schmorgerichte. Aber man kann auch jede andere Dorade dafür verwenden.

cefalo alle muranese
meeräsche nach art von murano

1 kg Meeräsche im Ganzen (oder 750-800 g anderen küchenfertigen Fische)
100 ml extra natives Olivenöl (bester Qualität)
100 ml Weißweinessig
4-5 frische Lorbeerblätter
grobes Meersalz

Den Backofen auf 170–180 °C vorheizen. Den Fisch innen und außen abbrausen und trockentupfen. In eine feuerfeste Form legen, mit dem Olivenöl und dem Essig beträufeln und mit den Lorbeerblättern belegen. Den Fisch salzen und im vorgeheizten Backofen auf mittlerer Schiene ca. 30 Minuten garen. Heiß servieren.

salmone a vapore con radicchio
gedämpfter lachs mit radicchio

4 Lachssteaks (etwa 2 1/2 Zentimeter dick)
Salz
frisch gemahlener Pfeffer
12-16 größere Radicchioblätter (muss kein Treviso-Radicchio sein)
4 TL Aceto Balsamico Tradizionale di Modena
4 TL natives Olivenöl extra (bester Qualität)

Die Lachsteaks abbrausen, trockentupfen, bei Bedarf häuten und entgräten. Die fetten Enden der Bauchlappen abschneiden, den Rest nach innen drehen, so dass die Steaks eine runde Form bekommen. Den Lachs salzen und reichlich pfeffern.
Die Radicchioblätter abbrausen, trockentupfen, 2 Minuten in kochendem Wasser blanchieren und abtropfen lassen. Jedes Lachssteak in 3–4 Radicchioblätter einwickeln.
In einem Dampftopf Wasser zum Kochen bringen und die umhüllten Lachssteaks 13–15 Minuten im heißen Dampf garen.
Auf eine Platte legen, mit je 1 Teelöffel Balsamico und Olivenöl beträufeln und sofort servieren.

Ein asiatischer Dampfkorb wäre perfekt für dieses Rezept. Ein Schnellkochtopf oder jeder andere Topf mit Dämpfeinsatz tut es aber auch, wenn man den Deckel nur lose auflegt, damit der Dampf entweichen kann.

secondi
zweiter gang mit fleisch
con carne

In der traditionell bodenständigen Küche des Veneto stammen die meisten Fleischgerichte selbstredend von der „terra ferma", dem Festland. In der Poebene und auf den sanften Hügeln der Voralpenregion gibt es reichlich üppige Weiden für die Viehzucht. Und die wasser- und waldreichen Alpentäler bieten beste Lebensbedingungen für Enten und Tauben. Das Wildgeflügel war auch in der Lagunenstadt schon immer hochgeschätzt. So wurde etwa am Himmelfahrtstag traditionsgemäß Ente serviert, die der Doge in einer symbolischen Geste an seine Bediensteten verschenkte.

Im Gegensatz zur deutschen Küche etwa kommt das italienische Hauptgericht meistens pur und ohne Beilagen auf den Teller. Im Italienischen heißt es ja auch gar nicht Hauptgericht, sondern „secondo", also zweiter Gang. Wer Beilagen (contorni) wünscht, bestellt sie gesondert und bekommt sie auf einem Extrateller gereicht. Und das ist gut so, denn auf diese Weise schmeckt das Fleisch nach Fleisch und das Gemüse nach Gemüse.

Im Grunde genommen ist die italienische Küche recht einfach, sie lebt in erster Linie vom Eigengeschmack der Zutaten, wobei die Kunst darin besteht, diesen auf das Allerköstlichste herauszuarbeiten. Aber mit den richtigen Rezepten ist es nicht schwer, auf italienische Art zu kochen. Einzig unverzichtbar sind dabei Produkte von bester Qualität.

Täubchen am Spieß
Rezept S. 61

pollo imbottito
gefülltes hähnchen

1 Hähnchen
(ca. 1,2 kg) mit Leber
70 g magerer Bauchspeck
1 Zwiebel
2-3 Knoblauchzehen
4 Salbeiblätter
1 Stängel Rosmarin
Salz
frisch gemahlener Pfeffer
3-4 EL Olivenöl
1/4 l Fleischbrühe (Rezept S. 40 oder gutes Fertigprodukt)

Den Backofen auf 200 °C vorheizen. Das Hähnchen innen und außen gut abbrausen und trockentupfen. Die Leber putzen und fein hacken. Den Speck grob würfeln und mit der Leber vermischen. Die Zwiebel und den Knoblauch schälen, grob hacken und zur Speck-Leber-Mischung geben. Die Kräuter waschen und trockentupfen. Die Salbeiblätter hacken, die Rosmarinnadeln vom Stängel abstreifen und beides zur Füllung geben. Salzen, pfeffern, alles gut vermengen und das Hähnchen locker mit dieser Masse füllen. Das Geflügel von außen mit Olivenöl einreiben, salzen und pfeffern.
Das restliche Öl in einen Bräter geben, das Hähnchen hineinsetzen und 1 Stunde im vorgeheizten Backofen auf der mittleren Schiene garen. Dabei alle 15 Minuten wenden und mit dem ausgetretenen Bratensaft und ein wenig Brühe begießen. Das Hähnchen herausnehmen, in Portionsstücke teilen, auf Tellern anrichten und mit dem Bratensaft beträufeln.
Die Füllung daneben anrichten.

pollo alla veneta
hähnchen nach venetischer art

100 g geräucherter Bauchspeck
4 Poulardenbrüstchen oder -schenkel
Salz
frisch gemahlener Pfeffer
2 rote Zwiebeln
1 Stange Staudensellerie
300 g Kidneybohnen (Dose)
200 ml trockener Weißwein
1 TL Thymianblätter
1 TL gehackte Rosmarinnadeln
ca. 1/4 l Fleischbrühe (Rezept S. 40 oder gutes Fertigprodukt)
2 Tomaten
2 EL gehackte glatte Petersilie

Den Backofen auf 230 °C vorheizen. Den Bauchspeck würfeln. Die Poulardenteile abbrausen, trockentupfen, salzen und pfeffern. Den Speck in einer großen Pfanne bei mittlerer Hitze hell anbräunen, herausnehmen und auf Küchenpapier abtropfen lassen. Die Poulardenteile in dem verbliebenen Fett bei mittlerer Hitze in etwa 15 Minuten rundherum goldbraun braten. In einen Bräter legen, mit etwas Bratfett übergießen und zugedeckt in den vorgeheizten Backofen schieben. Das Geflügel ca. 10 Minuten garen, das restliche Bratfett beiseite stellen.
Inzwischen die Zwiebeln schälen und fein hacken. Den Sellerie putzen, von den harten Fäden befreien und in dünne Scheiben schneiden. Die Kidneybohnen in einem Sieb abtropfen lassen. Zwiebeln und Sellerie im restlichen Poulardenbratfett bei mittlerer Hitze 5 Minuten andünsten. Mit dem Wein ablöschen und den Bratensatz damit loskochen. Die Zwiebel-Sellerie-Mischung über die Poulardenstücke gießen. Bohnen, Thymian und Rosmarin ebenfalls zugeben. Die Brühe angießen, die Speckwürfel über die Geflügelteile streuen. Den Bräter mit geschlossenem Deckel für weitere 15–20 Minuten in den Ofen stellen.
Inzwischen die Tomaten blanchieren, von Haut, Stielansatz und Kernen befreien und das Fruchtfleisch fein würfeln. Die gegarten Poulardenteile herausnehmen. Falls nötig noch ein wenig Brühe zur Sauce gießen und nochmals abschmecken. Das Geflügel mit der Sauce in eine vorgewärmte Schüssel füllen. Mit den Tomatenwürfeln und der gehackten Petersilie bestreuen und servieren.

anatra in salsa
ente mit sauce

1 küchenfertige Ente (ca. 1,8 kg)
oder zwei Wildenten
1/2 Bund Thymian
1/2 Bund Majoran
4 Pfefferkörner
100 ml Weißweinessig
300 ml trockener Weißwein
1 rote Zwiebel
4 eingelegte Sardellenfilets
3 EL neutrales Pflanzenöl
1 EL Butter
1/4 l Geflügelfond
(gutes Fertigprodukt)
Salz
frisch gemahlener Pfeffer

Am Vortag die Ente(n) innen und außen abbrausen, trockentupfen und in 8 Stücke teilen, die kleineren Wildenten nur jeweils in 4 Stücke teilen. Die Kräuter abbrausen und trockentupfen. Einige Stängel für die Garnitur beiseite legen. Von den übrigen Stängeln die Blättchen abzupfen und grob hacken. Die Pfefferkörner zerstoßen.

Aus Weißweinessig, 200 Millilitern Weißwein, Kräutern und Pfefferkörnern eine Marinade anrühren und die Ententeile darin 8–12 Stunden zugedeckt ziehen lassen; währenddessen mehrfach wenden.

Am Tag der Zubereitung den Backofen auf 180 °C vorheizen. Die Ententeile aus der Marinade nehmen und trockentupfen. 100 Millililiter der Marinade durch ein Sieb seihen und beiseite stellen. Zwiebel schälen und fein hacken. Sardellen abbrausen, trockentupfen und bei Bedarf entgräten.

In einem Bräter das Öl erhitzen und das Fleisch darin rundherum kräftig anbraten. Herausnehmen und das Fett weggießen. Die Butter in dem Bräter zerlassen und darin die Zwiebel und die Sardellen zugebem und bei mittlerer Hitze dünsten, bis die Zwiebel weich und die Sardellen geschmolzen sind. Mit dem restlichen Weißwein ablöschen, kurz aufkochen lassen. Die Ententeile wieder in den Bräter legen, den Geflügelfond angießen, salzen und pfeffern. Den Bräter mit dem Deckel verschließen, in den vorgeheizten Backofen schieben und das Geflügel 1 Stunde schmoren lassen. Zwischendurch die Teile zwei bis dreimal wenden und bei Bedarf wiederholt etwas von der beiseite gestellten Marinade zugießen.

Die gegarten Ententeile auf einer Servierplatte anrichten, die Sauce darüber gießen und mit den beiseite gelegten Kräuterblättchen garnieren.

Ob Sie dieses Gericht mit Zucht- oder Wildente zubereiten, bleibt Ihrem persönlichen Geschmack überlassen. Gebratene Polentascheiben (siehe Tipp zu Rezept S. 70) sind in jedem Fall die passende Beilage dazu.

piccolina alla spiedo
täubchen am spieß

4 küchenfertige Tauben
Für das Würzöl:
8 Wacholderbeeren
2 Lorbeerblätter
Salz
frisch gemahlener weißer Pfeffer
100 ml Olivenöl
Für die Füllung:
2 Brötchen vom Vortag
1 Zwiebel
1 Knoblauchzehe
100 ml lauwarme Milch
25 g Butter
30 g Pancetta oder Bauchspeck in Würfeln
1 EL gehackte Salbeiblätter
1 EL gehackte Rosmarinnadeln
1 EL Thymianblätter
1 Ei
50 g gewürfelter Greyerzer
12 dünne Scheiben Bauchspeck
Außerdem:
4 Zahnstocher

Die Tauben innen und außen abbrausen und trockentupfen.
Für das Würzöl Wacholderbeeren und Lorbeerblätter im Mörser zerstoßen, Salz und Pfeffer dazugeben und mit dem Öl vermischen.
Für die Füllung die Rinde von den Brötchen abreiben, das eine in dünne Scheiben schneiden und in der Milch einweichen, das andere in klein würfeln. Die Zwiebel schälen und fein hacken. Den Knoblauch schälen.
Die Hälfte der Butter in einer Pfanne zerlassen, die Brotwürfel darin goldbraun anrösten und herausnehmen. Die restliche Butter in der Pfanne erhitzen und darin die Zwiebel, die durchgepresste Knoblauchzehe und die gewürfelte Pancetta oder den gewürfelten Bauchspeck anschwitzen. Das eingeweichte Brötchen ausdrücken und in einer Schüssel mit den gerösteten Brotwürfeln, der Speck-Zwiebel-Knoblauch-Mischung, der Hälfte der gehackten Kräuter, dem Ei und dem Greyerzer vermischen.
Die Tauben locker mit der Masse füllen und mit einem Zahnstocher verschließen. Jede Taube mit 3 Scheiben Speck umwickeln und diesen mit Küchengarn festbinden. Dünn mit dem vorbereiteten Würzöl einpinseln, auf einen Drehspieß stecken und im vorgeheizten Grill etwa 30 Minuten grillen, danach sollten sie gar und knusprig sein; zwischendurch wiederholt mit etwas Würzöl bestreichen und nach und nach mit den restlichen gehackten Kräutern bestreuen.

Wer keinen Drehgrill besitzt, kann die Täubchen auch im Backofen grillen. Dazu den Backofen auf ca. 200 °C vorheizen und die Tauben auf einem Rost über der Fettpfanne auf der mittleren Schiene hineinschieben. Die Hitze zum Ende hin so regulieren, das die Tauben schön goldbraun sind. – Den köstlichen Bratensaft und das entsprechende „Besteck", frisches Weißbrot, unbedingt mitservieren.

maiale al latte
schweinefleisch in milch

1,2 kg Schweinskarree ohne Knochen
1/2 l trockener Weißwein
50 g Butter
2 EL neutrales Pflanzenöl
Salz
frisch gemahlener Pfeffer
1 l Vollmilch
1 frisches Kräutersträußchen
aus 5-6 Salbeiblättern und
4-5 Rosmarinstängeln

Am Vortag das Schweinefleisch waschen, trockentupfen und in den Weinwein einlegen. 24 Stunden zugedeckt im Kühlschrank marinieren lassen. Währenddessen einige Male wenden, damit der Wein gleichmäßig einwirken kann.

Am Tag der Zubereitung das Fleisch aus der Marinade heben und gut trockentupfen. In einem nicht zu großen Bräter die Butter mit dem Öl erhitzen. Den Schweinebraten rundherum kräftig darin anbraten und mit Salz und Pfeffer würzen. Langsam knapp die Hälfte der Milch angießen und das Kräutersträußchen einlegen. Den Braten unter gelegentlichem Wenden bei geringer Hitze und mit halb aufgelegtem Deckel ca. 1 1/2 Stunden schmoren lassen; danach sollte die Milch zu einer nussbraunen Sauce eingekocht sein. Dann die Kräuter entfernen und erneut etwa 1/4 Liter Milch dazugeben. Bei geschlossenem Deckel weiter köcheln lassen. Der Braten soll insgesamt 2 1/2–3 Stunden garen; danach soll er sich weich anfühlen, wenn man mit der Gabel hineinsticht. Vorsicht, die Milch darf nicht anbrennen! Droht sie zu stark einzukochen, etwas frische Milch hinzufügen.

Das Fleisch aus dem Bräter heben und vor dem Anschneiden einige Minuten ruhen lassen. Die Sauce, falls nötig, etwas entfetten, 3–4 Esslöffel Wasser hinzufügen, um den Bratensatz loszukochen. Das Fleisch in ca. 1 Zentimeter dicke Scheiben schneiden, auf einer vorgewärmten Platte anrichten, mit der Sauce übergießen und sofort servieren.

Für 6 Personen

Fleisch und Milch gehen in diesem für das Veneto typischen Gericht eine delikate Verbindung ein. Der Schweinebraten wird zart und mürbe und die Milch verwandelt sich während der langen Garzeit in eine köstliche Sauce.

pastissada de manzo
mariniertes rindfleisch mit speck

1,5–2 kg Rinderschmorbraten (Hüftdeckel oder Oberschale)
1 große Zwiebel
2 Stangen Staudensellerie
2 Möhren
1 EL gehackte Rosmarinnadeln
4 Gewürznelken
4–5 Pfefferkörner
1 gute Prise Zimt
1 Flasche kräftiger Rotwein
100 g Bauchspeck in dünnen Scheiben
2 EL Tomatenmark
Salz
frisch gemahlener Pfeffer

Dieser wunderbare Braten mit seiner delikaten Würze gelingt nur mit größeren Fleischstücken. Aber da er sich ja fast von allein kocht, bleibt noch genug Zeit, um alles weitere für eine gesellige Runde vorzubereiten.

Am Vortag das Rindfleisch waschen, trockentupfen und von Sehnen und Häuten befreien. Die Zwiebel schälen und in Ringe schneiden. Sellerie und Möhren putzen und in Scheiben schneiden. Das Fleisch in eine Schüssel legen und das vorbereitete Gemüse darauf verteilen. Mit Rosmarin, Nelken, grob zerstoßenen Pfefferkörnern und Zimt würzen und mit dem Rotwein auffüllen. Das Fleisch an einem kühlen Ort zugedeckt mindestens 24 Stunden zugedeckt unter gelegentlichem Wenden marinieren.

Am Tag der Zubereitung den Backofen auf 180 °C vorheizen. Das Rindfleisch aus der Marinade nehmen, in einen Bräter legen und mit dem Bauspeck belegen. Das Tomatenmark in der Marinade auflösen und diese in den Bräter gießen. Den Bräter zugedeckt in den vorgeheizten Backofen stellen und das Fleisch mindestens 2 Stunden darin garen; danach sollte es ganz zart und mürbe sein, falls nötig, die Garzeit noch etwas verlängern.

Den Schmorbraten aus dem Bräter heben und warm stellen. Die Sauce durch ein Sieb streichen, dabei möglichst viel von dem Gemüse mitpassieren. Zurück in den Bräter gießen und bei großer Hitze etwas einkochen lassen, mit Salz und Pfeffer würzen und die Sauce separat zum Braten servieren. Als Beilage bieten sich Polenta (Rezept S. 70) oder Kartoffelpüree mit gedünsteten Zucchini an.

Für 6–8 Personen

trippa alla veneziana
kutteln nach venezianischer Art

60 g Bauchspeck
1 große Zwiebel
800 g gesäuberte und vorgekochte Kalbskutteln
50 g Butter
2 Knoblauchzehen
100 ml trockener Weißwein
Salz
frisch gemahlener Pfeffer
1 Stängel Rosmarin
1 Lorbeerblatt
1/2 l Fleischbrühe (Rezept S. 40 oder gutes Fertigprodukt)
Saft von 1/2 Zitrone
4 EL frisch geriebener Parmesan
2 EL gehackte glatte Petersilie

Den Bauchspeck fein würfeln. Die Zwiebel und den Knoblauch schälen und fein hacken. Die vorgekochten Kutteln in dünne Streifen schneiden. Die Butter in einem schweren Topf erhitzen, Speck, Zwiebel und Knoblauch zugeben und bei mittlerer Hitze kurz anschwitzen, ohne sie Farbe nehmen zu lassen.
Die Hitze erhöhen, die Kuttelstreifen dazugeben und kräftig anbraten. Mit dem Weißwein ablöschen. Mit Salz, Pfeffer, Rosmarin und Lorbeerblatt würzen und 10 Minuten bei starker Hitze kochen lassen. Die Brühe angießen und die Kutteln zugedeckt bei geringer Hitze unter gelegentlichem Umrühren etwa 2 Stunden garen; danach sollte der Kutteltopf zu einer dicken Suppe eingekocht sein. Mit Salz, Pfeffer und Zitronensaft würzen und mit geriebenem Parmesan und gehackter Petersilie bestreuen. Die Kutteln heiß mit frischem Weißbrot und einem kräftigen Rotwein servieren.

Kutteln haben in Italien einen ganz anderen Stellenwert als hierzulande und nahezu jede Provinz blickt dort mit Stolz auf ein eigenes Kuttelrezept. Wer seine möglichen Vorbehalte gegen diese Zutat überwindet, kann sehr lohnende Entdeckungen machen. Voraussetzung sollte jedoch sein, dass man die Kutteln gesäubert und vorgekocht kaufen kann, was mittlerweile auch bei uns immer häufiger möglich ist.

fegato alla veneziana
kalbsleber nach venezianischer art

600 g küchenfertige Kalbsleber
500 g Gemüsezwiebeln
4 EL Olivenöl
100 g Butter
Salz
frisch gemahlener Pfeffer
1 EL gehackte glatte Petersilie
Fleischbrühe oder Weißwein
bei Bedarf

Die Kalbsleber abbrausen und trockentupfen, bei Bedarf von Häuten und Sehnen befreien und in 5–6 Millimeter dicke Streifen schneiden. Die Gemüsezwiebeln schälen und in Ringe schneiden.

Das Öl und die Hälfte der Butter in einer großen Pfanne erhitzen und die Zwiebelringe bei mittlerer Hitze unter häufigem Wenden darin in etwa 20 Minuten hellbraun und weich dünsten. Herausnehmen und beiseite stellen.

In der Pfanne die restliche Butter erhitzen und die Leberstreifen darin bei stärkerer Hitze 5 Minuten anbraten. Falls die Butter anzubrennen droht, diese mit sehr wenig Fleischbrühe oder Weißwein ablöschen. Mit Salz und Pfeffer würzen. Die Zwiebeln dazugeben und alles 2 Minuten weiterschmoren. Mit der gehackten Petersilie bestreuen und sofort servieren.

Zu diesem sehr typischen venezianischen Gericht serviert man traditionell Polentascheiben (siehe Tipp zu Rezept S. 70)

vitello in tegame col radicchio
kalbsschmorbraten mit radicchio

600–700 g Kalbslende
2 Knoblauchzehen
1 Scheibe luftgetrockneter Schinken
250 g Radicchio aus Treviso
(ersatzweise Chicorée)
4 EL Olivenöl
Salz
100 ml trockener Weißwein
frisch gemahlener Pfeffer

Das milde Kalbfleisch bekommt durch den langblättrigen Radicchio einen vollen, intensiven Geschmack. Sollten Sie keinen Treviso-Radicchio bekommen, ersetzen Sie ihn am besten durch Chicorée, da die bei uns üblichen kleinen runden Radicchioköpfe für dieses Gericht zu bitter sind.

Die Kalbslende waschen, trockentupfen und von Häuten und Sehnen befreien. Den Knoblauch schälen. Den Schinken fein würfeln. Die Radicchioblätter einzeln ablösen, in feine Streifen schneiden, kurz in kaltes Wasser einlegen und abtropfen lassen.

Das Olivenöl in einem Bräter bei mittlerer Temperatur erhitzen und das Kalbfleisch darin rundherum anbraten. Nach dem ersten Wenden die Knoblauchzehen dazupressen. Das Fleisch herausnehmen und auf eine Platte legen. Den Schinken in den Bräter geben und unter Rühren 1 Minute anbraten. Die Radicchiostreifen hinzufügen und leicht salzen. Alles gut mischen und so lange dünsten, bis der Radicchio zusammengefallen ist und eine hellbraune Farbe angenommen hat. Mit dem Weißwein ablöschen und den Bratensatz mit einem Holzlöffel vom Topfboden lösen. Das Fleisch wieder zurück in den Bräter legen, unter mehrmaligem Wenden mitbraten und dabei leicht mit Salz und Pfeffer würzen. Bei geschlossenem Bräter ca. 1 Stunde schmoren, währenddessen gelegentlich wenden; falls die Schmorflüssigkeit nicht ausreicht, ganz wenig Wasser zugießen. Danach sollte sich der Braten beim Einstechen mit einer Gabel sehr weich anfühlen, bei Bedarf die Garzeit verlängern.

Den Kalbsbraten in dünne Scheiben schneiden und noch einmal ganz kurz in der Schmorflüssigkeit wenden. Auf einer vorgewärmten Platte anrichten, mit der Schmorfond übergießen und sofort servieren.

le polpettine dei bàcari
venezianische fleischklößchen

- 120 g mehlig kochende Kartoffeln
- 1 Knoblauchzehe
- Salz
- 1 Brötchen vom Vortag
- 70 ml Milch
- 2 EL neutrales Pflanzenöl
- 1/2 TL gehackte Rosmarinnadeln
- 250 g Tatar oder Gehacktes (halb Schwein, halb Rind)
- frisch gemahlener Pfeffer
- 1 EL gehackte glatte Petersilie
- 2 Eier
- 2-3 EL frisch geriebener Parmesan
- Semmelbrösel
- Öl zum Ausbacken

Die Kartoffeln mit der Schale in Salzwasser gar kochen. Inzwischen den Knoblauch schälen. Die Rinde von dem Brötchen abreiben, das Innere grob würfeln und in der Milch einweichen.

In einer Pfanne das Öl erhitzen, den Knoblauch hineinpressen, die Rosmarinnadeln einstreuen und beides 1–2 Minuten anschwitzen. Tatar oder Hackfleisch dazugeben, salzen und pfeffern, unter Wenden krümelig braten und gleichmäßig bräunen. In eine Schüssel füllen. Die gegarten Kartoffeln möglichst heiß pellen und zum Hackfleisch pressen.

Die Brötchenwürfel mit einem Schaumlöffel aus der Milch heben und mit der Petersilie, 1 Ei und dem Parmesan dazugeben. Alles zu einer glatten Masse verkneten.

Das zweite Ei in eine kleine Schüssel aufschlagen und mit 2–3 Esslöffeln Wasser verquirlen. Semmelbrösel in einen tiefen Teller geben. Aus der Fleischmasse etwa 2 1/2 Zentimeter große lockere Klößchen formen, diese zuerst im verquirlten Ei wenden und dann rundherum mit den Semmelbröseln panieren.

Gut 1 Zentimeter hoch Öl in eine große Pfanne gießen und sehr heiß werden lassen. Die Klößchen portionsweise darin rundherum goldbraun braten und auf Küchenpapier abtropfen lassen.

Diese köstlich weichen Fleischklößchen werden traditionell in den venezianischen bàcari – den Weinbars – angeboten. Sie sind eine leckere Alternative zur heimischen Frikadelle und harmonieren gut mit Polenta (Rezept S. 70) und Gemüseragout (Rezept S. 73).

contorni
beilagen

Gemüseragout
Rezept S. 73

Kartoffeln nach
venezianischer Art
Rezept S. 71

Es zeugt von der Klarheit der italienischen Küche, dass es keine kompletten Tellergerichte gibt. In aller Regel kommen Fleisch und Fisch allein oder höchstens noch in Begleitung eines Zitronenschnitzes auf den Teller. Und die wichtigste Beilage steht eh schon auf dem Tisch: Brot. Es kommt als erstes und wird als letztes abgeräumt. Gutes Brot, eventuell mit einigen Tropfen Olivenöl und/oder Aceto balsamico beträufelt, überbrückt die Wartezeit zum Antipasto, neutralisiert den Geschmack zwischen den Gängen und saugt den letzten Tropfen der köstlichen Pastasauce auf.

In den fruchtbaren Ebenen des Veneto wachsen die verschiedensten Gemüsesorten in allerbester Qualität. Italienische Restaurants bieten immer eine gute Auswahl von Gemüsegerichten einschließlich köstlicher Kartoffelzubereitungen an. Sie werden auf Wunsch auf einem Extrateller zum Secondo serviert.

Eine besondere Spezialität kommt aus der Umgebung von Treviso: der Radicchio di Treviso. Leider ist er außerhalb der Region nur sehr selten zu bekommen. Wie stolz man auf diesen Radicchio ist, spiegelt sich im Kochbuch eines bekannten Küchenchefs aus dieser Gegend wider, in dem nicht weniger als 607 Rezepte mit dieser regionalen Köstlichkeit aufgeführt sind.

Daneben erfreut sich speziell im Veneto die Polenta größter Beliebtheit und wird nahezu immer als Beilage gegessen. Aus dem ursprünglichen Sattmacher der ärmeren Bevölkerung ist längst eine Spezialität geworden, die auch auf den Speisekarten der Nobelrestaurants nicht fehlen darf.

polenta
polenta

1 3/4 l Wasser
1 EL Salz
225 g Maisgrieß

Das Wasser mit dem Salz in einem großen schweren Topf zum Kochen bringen. Nach und nach den Maisgrieß in das ständig kochende Wasser einrieseln lassen und dabei kräftig mit dem Kochlöffel schlagen, damit sich keine Klümpchen bilden. Wenn der gesamte Maisgrieß im Topf ist, die Hitze reduzieren und die Maismasse 40 Minuten bei mittlerer Hitze köcheln lassen, währenddessen fast ununterbrochen rühren, damit die Polenta nicht ansetzt. Sollte sie zu fest werden, wenig Wasser zugeben.

Gerade im Veneto und den angrenzenden Provinzen war noch bis vor wenigen Generationen nicht Pasta, sondern Polenta das Grundnahrungsmittel. Der einfache und köstliche Brei eignet sich als Beilage zu fast jedem Gericht, egal ob mit Fisch oder Fleisch, ob mit oder ohne Sauce, und es gibt sogar süße Varianten. Ob man weißen oder gelben, feinen oder gröberen Maisgrieß nimmt, ist ganz der persönlichen Vorliebe überlassen. Etwas weniger deftig wird die Polenta, wenn man die Hälfte des Wassers durch Vollmilch ersetzt.
Man kann die Polentamasse dann mit dem Polenta-Spatel, der zu diesem Buch gehört, auf ein rustikales Holzbrett streichen und sie heiß als Beilage servieren.
Wenn man sie abkühlen lässt, wird sie schnittfest. Dazu gibt man die Polenta in eine beliebige eingefettete Form oder streicht sie 1 Zentimeter dick auf ein mit Backpapier belegtes Brett. Aus der Form gestürzt oder direkt auf dem Brett kann man die Polenta dann in Scheiben oder in 1 Zentimeter breite Finger schneiden. Dies funktioniert sehr gut mit einem Zwirnsfaden. Wenn man es besonders dekorativ haben möchte – z.B. für Kinder –, lässt sich die gestürzte Polenta mithilfe von Ausstechförmchen in alle beliebigen Formen bringen.

purè di patate con parmigiano
kartoffelpüree mit parmesan

400 g mehlig kochende Kartoffeln
Salz
40 g Butter
etwa 100 ml Milch
5–6 EL frisch geriebener Parmesan
frisch geriebene Muskatnuss
2 EL natives Olivenöl extra
(bester Qualität)

Die Kartoffeln in der Schale in reichlich Salzwasser garen. Abgießen und möglichst heiß pellen. Einen Schlagkessel auf ein heißes Wasserbad setzen und die Butter darin zerlassen. Die Milch erhitzen, bis sie fast kocht. Die Kartoffeln durch eine Kartoffelpresse direkt zur geschmolzenen Butter pressen. Mit dem Schneebesen beides verrühren und die heiße Milch unter ständigem Schlagen nach und nach einarbeiten. Wenn die Hälfte der Milch verbraucht ist, den Parmesan unterrühren. Noch so viel Milch einarbeiten, bis ein weiches, lockeres, aber nicht zu dünnes Püree entsteht. Mit Salz und Muskat würzen und in eine vorgewärmte Schüssel füllen. Das Olivenöl über das Püree träufeln und sofort servieren.

Wer Kartoffelpüree mag, dürfte diese italienische Variante lieben lernen. Und wer keinen Schlagkessel hat, kann das Püree selbstverständlich auch in einem normalen Topf zubereiten. Dann muss man nur bei sehr geringer Hitze arbeiten und darauf achten, dass nichts anbrennt.

patate alla veneziana
kartoffeln nach venezianischer art

1 Zwiebel
1 kg fest kochende Kartoffeln
100 ml natives Olivenöl extra
(bester Qualität)
80 g Butter
Salz
2 EL gehackte Petersilie

Die Zwiebel schälen und fein hacken. Die Kartoffeln schälen, waschen und in mundgerechte Stücke schneiden.
In einer Pfanne Olivenöl und Butter erhitzen und die Zwiebel bei geringer Hitze darin anschwitzen, ohne sie Farbe nehmen zu lassen. Die Kartoffeln hinzufügen und in 30 Minuten unter wiederholtem Wenden rundherum goldbraun braten. Erst kurz vor dem Servieren salzen. Mit der gehackten Petersilie bestreuen und sofort servieren.

fiori di zucca ripieni
gefüllte zucchiniblüten

16 frische Zucchiniblüten
3 große Eier
90 g Mehl
Salz
60 ml Milch
180 g Mozzarella
1 getrocknete Tomate
3 TL Kapern
1 TL gehackter Basilikum
Pflanzenöl zum Frittieren

Zucchiniblüten werden im Veneto auch ungefüllt ausgebacken und dann als Apéritif oder mit Puderzucker bestreut als Dessert serviert.

Mit einer Schere die Zucchiniblüten vorsichtig von den Staubgefäßen befreien und die Kelchblätter abzupfen. Die Blüten vorsichtig waschen und auf Küchenpapier abtropfen lassen.
Eier, Mehl und Salz in einer Schüssel verschlagen, die Milch unterrühren. Den Mozzarella in feine Würfel schneiden, die Tomate fein hacken. In einer zweiten Schüssel Mozzarella, Tomate, Kapern und Basilikum vermischen. Die Zucchiniblüten mit der Mozzarella-Mischung locker füllen und die Blütenspitzen zum Verschließen zusammendrehen. Das Pflanzenöl in einer schweren Pfanne erhitzen. Die Zucchiniblüten portionsweise in den Eierteig tauchen, überschüssigen Teig abtropfen lassen und die Blüten in dem heißen Öl in 6–8 Minuten rundherum hellbraun ausbacken. Auf Küchenpapier abtropfen lassen, leicht salzen und sofort servieren.

peperonata
gemüseragout

200 g Gemüsezwiebel
200 g rote Paprikaschote
200 g grüne Paprikaschote
1 Knoblauchzehe
350 g Tomaten
3 EL natives Olivenöl extra (bester Qualität)
3 EL Aceto balsamico
1 Prise Chilipulver
1 Prise Zucker
Salz
frisch gemahlener Pfeffer
1 TL frische Thymianblätter

Die Zwiebel schälen und in feine Streifen schneiden. Paprikaschoten halbieren, von Stielansatz, Samen sowie Scheidewänden befreien und in mundgerechte Stücke schneiden. Die Knoblauchzehe schälen und fein hacken. Die Tomaten blanchieren, von Haut, Stielansatz und Kernen befreien und grob würfeln.
Das Öl in einer Pfanne erhitzen und die Zwiebel darin glasig dünsten. Paprika und Knoblauch dazugeben und 5 Minuten mitdünsten. Die Tomatenwürfel hinzufügen und mit dem Balsamico ablöschen. Mit Chilipulver, Zucker, Salz und Pfeffer würzen, alles gut vermischen und im geschlossenen Topf bei geringer Hitze 30 Minuten schmoren lassen. Das Gemüseragout in eine Schüssel füllen, mit den Thymianblättern bestreuen und servieren.

Dieses Gemüsegericht ist eine ideale Ergänzung zu den verschiedensten Fleisch-, Fisch- und Geflügelgerichten.

asparagi in salsa
spargel mit sardellensauce

1 kg weißer oder grüner Spargel
Salz
10 g Butter
1 Prise Zucker
3 hart gekochte Eier
2 EL Zitronensaft
80-100 ml natives Olivenöl extra (bester Qualität)
2 Sardellenfilets
1 TL Kapern
frisch gemahlener Pfeffer

Den weißen Spargel ganz, den grünen bei Bedarf nur im unteren Drittel schälen und die holzigen Enden abschneiden. In einem entsprechend großen Topf Salzwasser mit der Butter und dem Zucker zum Kochen bringen. Den Spargel darin in 10–20 Minuten bissfest garen. Herausnehmen, abtropfen und laumwarm abkühlen lassen.
Inzwischen die Eier halbieren und die Eigelbe durch ein Sieb streichen. Den Zitronensaft zu den Eigelben geben und so viel Olivenöl einrühren, dass eine flüssige Sauce entsteht. Sardellenfilets abbrausen, bei Bedarf entgräten, wie die Kapern und Eiweiße sehr fein hacken und mit der Sauce vermischen. Die Sauce mit Salz und Pfeffer würzen, über den lauwarmen Spargel gießen und sofort servieren.

Dieser Spargel kann sowohl Fisch als auch Fleisch begleiten. Besonders gut passt er z.B. zum Kalbsschmorbraten mit Radicchio (Rezept S. 66).

fondi di carciofi alla veneta
artischockenböden nach venetischer art

12 mittelgroße Artischocken
1 EL Zitronensaft
50 ml Fleischbrühe (Rezept S. 40 oder gutes Fertigprodukt)
6 EL natives Olivenöl extra (bester Qualität)
2 EL gehackte glatte Petersilie
1 geschälte Knoblauchzehe
Salz
frisch gemahlener Pfeffer

Die Stiele der Artischocken abbrechen und zwei Drittel der Blütenspitzen mit einem Messer abschneiden. Die Schnittstellen sofort mit Zitronensaft einreiben, damit sie sich nicht verfärben. Die verbliebenen Blattreste abschälen, bis das so genannte Heu zum Vorschein kommt. Das Heu mit einem scharfkantigen Teelöffel herauslösen. Auch auf der Unterseite der Artischocken alle Blattansätze und harten Stellen entfernen.

Die Artischockenböden in einen großen Topf einlegen, die Brühe angießen, zum Kochen bringen und in 5–10 Minuten bissfest garen. Herausnehmen und die Brühe beiseite stellen.

Das Öl in einem kleineren Topf erhitzen. Die Petersilie einstreuen, den Knoblauch dazupressen und beides bei mittlerer Temperatur dünsten, bis der Knoblauch gerade beginnt, Farbe zu nehmen. Die Artischockenbrühe dazugießen, mit Salz und Pfeffer würzen, umrühren und alles etwa 5 Minuten köcheln lassen. Die Artischockenböden hineingeben, bei geringster Hitze kurz erhitzen und sofort servieren. Sie passen als Beilage z.B. zu Geflügel oder zum marinierten Rindfleisch mit Speck (Rezept S. 63)

Sie können dafür auch Artischockenböden aus dem Glas verwenden. Diese vor der Verwendung in einem Sieb abtropfen lassen und mit dem Zitronensaft beträufeln. Danach wie die frischen weiterverarbeiten.

radicchio di treviso al forno
treviso-radicchio aus dem ofen

ca. 700 g Radicchio (möglichst aus Treviso, ersatzweise die bei uns übliche Sorte)
Salz
frisch gemahlener Pfeffer
6 EL Olivenöl

Der charakteristische bittersüße Geschmack dieses Gemüses passt besonders gut zu Fisch- oder Fleischgerichten ohne Sauce

Den Backofen auf 200 °C vorheizen. Den Radicchio vierteln, abbrausen und trockentupfen. Beim Radicchio di Treviso den geschälten Strunk an den Blättern belassen, bei den anderen Sorten diesen herausschneiden, weil er zu bitter ist. Mit der Schnittfläche nach unten in eine Auflaufform legen, deren Größe so gewählt sein sollte, dass die Radicchioviertel gerade nebeneinander Platz haben. Mit Salz und Pfeffer würzen und gleichmäßig mit dem Olivenöl beträufeln.
Die Form auf der mittleren Schiene in den vorgeheizten Backofen schieben. Den Radicchio knapp 30 Minuten garen, dabei alle 10 Minuten wenden. Das Gemüse ist fertig, wenn es sich am Strunk weich anfühlt (Gabelprobe machen!). Lauwarm servieren.

finocchio marinato
marinierter fenchel

3 Fenchelknollen (ca. 550 g)
1/2 Bund glatte Petersilie, fein gehackt
1 geschälte Knoblauchzehe
3 EL Olivenöl
Salz
frisch gemahlener Pfeffer
Olivenöl zum Braten

Die Fenchelknollen falls nötig von den äußeren Blättern befreien. Den Wurzelansatz frisch anschneiden und die oberen grünen Enden entfernen. Die Knollen in dünne Scheiben schneiden. Etwa 1/2 Teelöffel Fenchelgrün fein hacken und in eine kleine Schüssel geben. Die gehackte Petersilie dazugeben, die Knoblauchzehe dazupressen und alles mit dem Olivenöl vermischen. Salzen, pfeffern und einige Minuten durchziehen lassen.
Inzwischen etwas Olivenöl in einer Pfanne erhitzen und die Fenchelscheiben portionsweise von beiden Seiten darin goldbraun braten, herausnehmen und auf Küchenpapier abtropfen lassen. Vor dem Servieren alle gebratenen Fenchelscheiben nochmals in die Pfanne geben, die vorbereitete Fenchelmarinade darüber verteilen und kurz erhitzen. Auf einer Platte anrichten und sofort servieren.

pomodori fritti
frittierte tomaten

2-3 sehr feste, reife Tomaten
1 Ei
Mehl
Semmelbrösel
neutrales Pflanzenöl zum Frittieren
Salz
1 TL Thymianblätter

Dieses knusprig-saftige Gemüse schmeckt zu fast allen Gerichten – nur zu solchen, in denen schon Tomaten verarbeitet sind, passt es nicht so gut.

Die Tomaten abbrausen, vom Stielansatz befreien und in etwa 1 Zentimeter dicke Scheiben schneiden. Vorsichtig die Kerne entfernen, ohne die Scheiben dabei zu verletzen.
Das Ei in einen tiefen Teller aufschlagen und mit 1–2 Esslöffeln Wasser verquirlen. Jeweils etwas Mehl und Semmelbrösel in zwei weitere tiefe Teller geben. Die Tomatenscheiben nacheinander in Mehl, verquirltem Ei und Semmelbröseln wenden.
Das Öl 2 1/2 Zentimeter hoch in eine Pfanne gießen und sehr heiß werden lassen. Die Tomatenscheiben portionsweise einlegen und auf beiden Seiten braun braten. Mit einem Schaumlöffel herausheben und auf einem Gitter abtropfen lassen. Auf einem Teller anrichten, salzen, mit dem Thymian bestreuen und heiß servieren.

verze affogate
wirsing in weißwein

1 Wirsing (ca. 550-650 g)
100 g durchwachsener Bauchspeck
1 Knoblauchzehe
1 TL gehackte Rosmarinnadeln
100 ml trockener Weißwein
Salz
frisch gemahlener Pfeffer
1 EL natives Olivenöl extra
(bester Qualität)

Die äußeren harten und beschädigten Blätter vom Wirsing entfernen. Die übrigen Blätter vom Strunk abtrennen, die dicken Mittelrippen entfernen und die Blätter in ca. 1 Zentimeter breite Streifen schneiden. Den Speck würfeln. Den Knoblauch schälen.
Einen Topf erhitzen, den Speck darin auslassen, den Knoblauch dazupressen und den Rosmarin einstreuen. Sobald der Knoblauch goldgelb ist, die Wirsingstreifen hinzufügen. Gründlich untermischen, damit der Wirsing von Fett überzogen wird.
Das Gemüse im geschlossenen Topf bei geringer Hitze 40–50 Minuten schmoren. Den Wirsing ab und zu wenden und darauf achten, dass er nicht ansetzt, bei Bedarf etwas Wasser dazugeben. Nach der Hälfte der Garzeit den Wein angießen. Das fertige Wirsinggemüse kräftig mit Salz und Pfeffer würzen, in eine Schüssel füllen und mit dem Olivenöl mischen. Heiß servieren.

Das Gemüse passt sehr gut zu Gerichten mit Tomatensauce, wobei es dem Wirsing egal ist, ob darin Fisch, Fleisch oder Innereien gegart wurden.

fasoj in salsa
bohnen in sardellensauce

1,5 kg dicke Bohnen in der Schote
Salz
1 Knoblauchzehe
4 Sardellenfilets
5 EL Olivenöl
5-6 EL Rotweinessig
1 EL gehackte glatte Petersilie
frisch gemahlener Pfeffer

Die Bohnen enthülsen. In einen Topf geben, mit Wasser bedecken und salzen. Bei geschlossenem Topf langsam zum Kochen bringen und in 8–15 Minuten garen. Abgießen und in eine Schüssel füllen, warm halten.
Inzwischen die Knoblauchzehe schälen und vierteln.
Die Sardellenfilets abbrausen, trockentupfen, bei Bedarf entgräten und fein hacken.
Das Olivenöl in einem kleinen Topf erhitzen und den Knoblauch darin 1–2 Minuten andünsten, Sardellen zugeben und mitdünsten, bis sie geschmolzen sind. Den Essig und die Hälfte der gehackten Petersilie hinzufügen und einige Minuten köcheln lassen.
Die Sardellensauce über die Bohnen gießen und mit Pfeffer würzen. Alles vorsichtig vermischen und die Bohnen zugedeckt knapp 1 Stunde ziehen lassen. Das Bohnengemüse mit der restlichen Petersilie bestreuen und möglichst lauwarm servieren.

„Fasoj" heißen Bohnen im Dialekt des Veneto. – Junge dicke Bohnen schmecken am Besten, weil ihre Schale noch nicht so hart ist. Wenn ihre kurze Saison vorbei ist, kann man dieses Gericht auch gut mit Bohnenkernen aus der Dose zubereiten – vorzugsweise mit Borlotti- oder einfachen weißen Bohnen. Bohnen aus Glas oder Dose schüttet man in ein Sieb und braust die etwas schleimige Flüssigkeit gut ab. Dann erhitzt man frisches Wasser in einem Topf und lässt die Bohnenkerne heiß werden, ohne dass sie kochen. Danach verarbeitet man sie wie beschrieben weiter. Und mit getrockneten Bohnen geht es auch, dauert nur viel länger.

dolci süßspeisen

Damit alle Geschmacksknospen im Mund auf ihre Kosten kommen, gehört der süße Abschluss zu jedem schönen Essen. Die Geschichte des kristallinen Zuckers, so wie wir ihn heute kennen, beginnt wahrscheinlich vor etwa 1600 Jahren in Indien. Die Araber vervollkommneten die Raffinationsmethode des Zuckerrohrsafts und einmal mehr ist es das Handelszentrum Venedig, das den Zucker in Europa bekannt macht.
Als Ware ebenso begehrt wie Salz oder Pfeffer, wird Zucker erstmals in einer venezianischen Quelle um 1150 erwähnt und beginnt damit seinen unaufhaltsamen Siegeszug. Wie die Gewürze, die die Seefahrer aus aller Welt mitbrachten, blieb auch der Zucker lange Zeit den Superreichen vorbehalten. Allerdings mussten diese dann auch Fisch und Austern mit Zucker essen, wie Rezepte vom französischen und englischen Königshof aus dem 13. Jahrhundert belegen. Erst ab etwa 1850 wird der „süße Seelentröster" demokratisiert und für nahezu jedermann erschwinglich.
Die Küche des Veneto kennt eine Vielzahl köstlicher Dolci zur besagten Abrundung eines Menüs. Im höfischen Venedig entstanden so feine Köstlichkeiten wie Moro di venezia oder Crema fritta. Polenta- und Krümelkuchen entstammen eher der bodenständigen Küche der „terra ferma". Besonders lecker sind sie alle und schmecken natürlich nicht nur nach einem italienischen Menü. Bereichern Sie doch einmal Ihr Sonntagsfrühstück mit selbst gebackenen Zaleti oder variieren Sie das nächste Kaffeekränzchen mit Mandelkuchen, Espresso und einem kleinen Grappa. Letzterer leistet auf jeden Fall auch nach einem ausgedehnten Menü gute Dienste!

Venezianische
Schokoladentorte
Rezept S. 82

moro di venezia
venezianische schokoladentorte

Für 1 Springform von
ca. 26 cm Durchmesser

3 Eier
100 g weiche Butter
250 g Zucker
1 Prise Salz
1 TL Vanillezucker
200 g Vollmilchkuvertüre
200 g Zartbitterkuvertüre
1/4 l Milch
240 g Mehl
1 TL Backpulver
Butter für die Form

Die Eier trennen. In einer Rührschüssel Eigelbe, Butter, 100 Gramm Zucker, Salz und Vanillezucker zu einer glatten Creme verschlagen.

Je 75 Gramm Vollmilch- und Zartbitterkuvertüre zusammen über einem heißen Wasserbad schmelzen lassen. Über einem kalten Wasserbad kalt schlagen und unter die Creme rühren. Nach und nach die Milch zugeben.

Den Backofen auf 150 °C vorheizen. Die Eiweiße mit dem restlichen Zucker zu steifem Schnee schlagen. Ein Drittel des Eischnees vorsichtig unter die Creme heben. Mehl und Backpulver sieben und zusammen mit dem restlichen Eischnee ebenfalls unterziehen.

Die Springform einfetten. Die Masse hineinfüllen und darin glatt streichen. Den Kuchen ca. 1 1/4 Stunden im vorgeheizten Ofen backen (Stäbchenprobe machen!). Herausnehmen und abkühlen lassen. Je 100 Gramm Vollmilch- und Zartbitterkuvertüre zusammen über einem heißen Wasserbad schmelzen lassen und den Kuchen gleichmäßig damit überziehen. Die restliche Kuvertüre grob raspeln und darüber streuen.

dolce di polenta con uvetta e fichi
polentakuchen mit rosinen und feigen

Für 1 runde Kuchenform
von 22 cm Durchmesser
oder eine kleine Kastenform

100 g getrocknete Feigen
1/4 l Milch
150 g grober Maisgrieß
1 EL Olivenöl
1 Prise Salz
3 EL Zucker
100 g Rosinen
1 EL Fenchelsamen
20 g Butter
1 Ei
100 g Mehl
Butter und Semmelbrösel
für die Form

Den Backofen auf 200 °C vorheizen. Die Feigen klein würfeln. 1/4 Liter Wasser und die Milch zusammen zum Kochen bringen und den Maisgrieß bei mittlerer Temperatur mit dem Schneebesen langsam einrühren. Olivenöl, Salz und Zucker dazugeben und unter ständigem Rühren 5–10 Minuten weiterköcheln lassen, bis der Brei sich von den Topfwänden löst. Vom Herd nehmen und Rosinen, Feigen, Fenchelsamen und Butter unter die Polentamasse mischen. Zum Schluss das Ei und das Mehl zufügen und alles zu einem glatten Teig verrühren.
Die runde Kuchenform oder eine kleine Kastenform ausbuttern und mit Semmelbröseln ausstreuen. Den Teig einfüllen, glatt streichen und im vorgeheizten Backofen auf der oberen Schiene 45 Minuten backen. Den Polentakuchen noch warm stürzen und vor dem Servieren vollständig auskühlen lassen.

Der Kuchen reicht für 4–8 Personen, je nachdem wie opulent das vorangegangene Menü war.

fregolotta
krümelkuchen

300 g gehackte Mandeln
300 g Zucker
300 g Mehl
abgeriebene Schale von
1/2 unbehandelten Zitrone
Salz
2 Eigelb
3-4 EL Sahne
Butter für die Form

Den Backofen auf 180 °C vorheizen. Die Mandeln mit Zucker, Mehl, abgeriebener Zitronenschale und 1 guten Prise Salz vermischen. Die beiden Eigelbe dazugeben und alles miteinander verkneten. So viel Sahne zufügen, dass sich alle Zutaten zu großen Streuseln verbinden. Die „fregolotti" – die Riesenkrümel – wie beim Streuselkuchen ca. 1 Zentimeter hoch in eine gebutterte Backform streuen. Im vorgeheizten Backofen auf der mittleren Schiene in etwa 15 Minuten haselnussbraun backen; dabei öfters nachschauen, ob er schon fertig ist.

Der fertige Kuchen wird nicht geschnitten, sondern zerbrochen. Er soll trocken und hart sein und schmeckt köstlich mit einem Gläschen Rotwein zum Eintauchen.

dolce di mandorle
mandelkuchen

Für 1 Springform von
22-25 cm Durchmesser

300 g ganze, nicht
abgezogene Mandeln
300 g Zucker
1/2 TL Salz
abgeriebene Schale von
1 unbehandelten Zitrone
8 Eiweiß
75 g Mehl
Butter für die Form

Den Ofen auf 180 °C vorheizen. Die Mandeln mit Zucker und Salz im Mixer fein mahlen und die Zitronenschale damit vermischen. Die Eiweiße sehr steif schlagen. Nach und nach die Mandelmischung behutsam unterheben. Dann das Mehl nach und nach so vorsichtig unterheben, dass die Masse nicht zusammenfällt. Die Springform dick mit Butter ausfetten. Die Mandelmasse hineingeben und durch Schütteln gleichmäßig darin verteilen.

Die Form für 1 Stunde auf der mittleren Schiene in den vorgeheizten Ofen schieben (Stäbchenprobe machen!). Herausnehmen, den Ring sofort von der Form abnehmen. Den Mandelkuchen aber erst dann vom Boden lösen, wenn er lauwarm ist. Vollständig abkühlen lassen und dann servieren.

fritole
venezianische karnevalskrapfen

50 g Sultaninen
200 g Mehl
1 Prise Salz
1 Msp. Zimt
60 g Zucker
30 g Pinienkerne
40 g Zitronat
1 Ei
20 g frische Hefe
200 ml lauwarme Milch
Pflanzenöl zum Frittieren
Puderzucker zum Bestreuen

Die Sultaninen einige Minuten in lauwarmem Wasser einweichen, herausnehmen und mit Küchenpapier trockentupfen.

Das Mehl in eine Schüssel geben, Salz, Zucker, Zimt, Pinienkerne, Zitronat und Ei zufügen. Die Hefe in der Hälfte der lauwarmen Milch auflösen und in die Schüssel gießen. Alles verkneten und dabei nach und nach so viel von der restlichen Milch zugießen, dass ein geschmeidiger Teig entsteht. Abgedeckt an einem warmen Ort 1 Stunde gehen lassen.

Reichlich Öl in einer Fritteuse oder einem schweren Topf auf ca. 140 °C erhitzen. Mit einem Esslöffel Krapfen vom Teig abstechen und im heißen Öl rundherum goldbraun ausbacken. Die fertigen Krapfen mit dem Schaumlöffel herausheben, auf Küchenpapier abtropfen lassen und mit Puderzucker bestreut möglichst frisch servieren.

zaleti
süße maisbrötchen

100 g Sultaninen
3 Eier
100 g Zucker
150 g Maismehl
150 g Weizenmehl (Type 00)
1 Päckchen Vanillezucker
1 Msp. Salz
5–6 g Hirschhornsalz
150 g Butter oder Schweineschmalz
Butter für das Blech
Puderzucker zum Bestäuben

Fast jede venezianische Familie variiert dieses Rezept ein wenig anders. So verwenden manche nur Maismehl, andere kneten zusätzlich zu den Sultaninen noch ganze Pinienkerne unter.

Die Sultaninen einige Minuten in lauwarmem Wasser einweichen, herausnehmen und mit Küchenpapier trockentupfen.
In einer Rührschüssel Eier und Zucker schaumig rühren. In einer zweiten Schüssel die beiden Mehlsorten, Vanillezucker, Salz und Hirschhornsalz sorgfältig vermischen. Die Butter bzw. das Schmalz in einer Pfanne zerlassen und leicht abkühlen lassen.
Die Mehlmischung sowie Fett und Sultaninen zur Ei-Zucker-Mischung geben und alles zu einem glatten Teig verkneten. Sollte er zu fest sein, so viel Wasser oder Milch zugeben, dass die Teigoberfläche glatt wird.
Den Backofen auf 180 °C vorheizen. Den Teig in gleich große Hälften teilen und beide zu Rollen von 4 Zentimetern Durchmesser formen. Die Rollen in 6 Zentimeter lange Stücke teilen und diese zu Schiffchen formen. Mit Abstand auf ein gefettetes Backblech legen und im vorgeheizten Backofen in ca. 12 Minuten hellbraun backen. Die Brötchen herausnehmen, mit Puderzucker bestäuben und lauwarm oder abgekühlt servieren.

zucca al latte
kürbis in milch

1 kg reifer Kürbis (z.B. Hokkaido)
Salz
50 g brauner Zucker
1 TL Zimt
kalte oder heiße Milch nach Belieben

Den Backofen auf 180 °C vorheizen. Den Kürbis halbieren, Kerne und faseriges Inneres entfernen und das Fruchtfleisch nicht zu klein würfeln. In eine feuerfeste Ton- oder Porzellanform füllen, leicht salzen und im vorgeheizten Backofen in 15–20 Minuten garen. Den Kürbis heiß mit Zucker und Zimt bestreuen und einige Minuten abkühlen lassen. Auf tiefe Teller verteilen und nach Belieben oder Jahreszeit mit kalter oder heißer Milch übergießen.

crema fritta alla veneziana
frittierte creme nach venezianischer art

Für 1 flache quadratische Form von 15 x 15 cm

- 1/2 Vanilleschote
- 1/2 l Milch
- 125 g Mehl
- 100 g Zucker
- 1 Prise Salz
- 2 Eier
- 6 Eigelb
- abgeriebene Schale von 1/2 unbehandelten Zitrone
- 25 g zerlassene Butter

Außerdem:
- zerlassene Butter für die Form und zum Bestreichen
- 2 Eier
- Semmelbrösel
- Pflanzenöl zum Frittieren
- Puderzucker zum Bestäuben

Die Vanilleschote aufschlitzen und das Vanillemark herauskratzen. Mit der Milch in einem Topf erhitzen und kurz aufkochen lassen. Das Mehl in eine Rührschüssel geben. Zucker, Salz Eier, Eigelbe und abgeriebene Zitronenschale dazugeben und alles mit einem Schneebesen kräftig verrühren. Die heiße Vanillemilch nach und nach zugießen und dabei sorgfältig umrühren. Die Masse in den Topf zurückgießen, unter ständigem Rühren aufkochen und bei reduzierter Hitze 5 Minuten köcheln lassen. Vom Herd nehmen und die Butter einrühren.

Die Form mit Butter auspinseln, die Creme einfüllen, die Oberfläche glatt streichen und mit etwas zerlassener Butter bepinseln. Für 1 1/2–2 Stunden in den Kühlschrank stellen; danach sollte sie schnittfest sein.

Für die Panade die Eier in einem tiefen Teller verquirlen und die Semmelbrösel in einen zweiten tiefen Teller streuen.

Die erkaltete Creme in 2 x 4 Zentimeter große Rechtecke oder Rauten schneiden und zuerst in dem verquirlten Ei und dann in den Semmelbröseln wenden.

Das Pflanzenöl 2 1/2–3 Zentimeter hoch in eine Pfanne gießen und sehr heiß werden lassen. Die panierten Cremestückchen darin portionsweise goldgelb ausbacken und auf einem Gitter abtropfen lassen. Mit Puderzucker bestäuben und servieren.

Diese feinen Cremehäppchen schmecken am besten heiß. Köstlich dazu ist eine Sauce aus pürierten Himbeeren oder Erdbeeren.

sgroppino
erdbeer-zitronen-schnee

250 g frische Erdbeeren
1/2 l gute Zitronen-Eiscreme
200 ml gut gekühlter Prosecco

Dieses erfrischende trinkbare Dessert ist ein wohltuender Abschluss für ein üppiges Menü und schmeckt natürlich mit einem fruchtig frischen Prosecco aus dem Veneto am besten.

Die Erdbeeren putzen und im Mixer oder mit dem Pürierstab fein pürieren. Mindestens für 2 Stunden zugedeckt in den Kühlschrank stellen.
Die Eiscreme in eine Schüssel geben und mit einer Gabel zerdrücken. Nach und nach mit dem Schneebesen das Erdbeerpüree und den eiskalten Prosecco unterschlagen; danach sollte eine weiche, schaumige Masse entstanden sein. Den Sgroppino rasch in vorgekühlte Glaskelche oder weite Stielgläser füllen und sofort servieren.

crema di mascarpone con frutta
mascarponecreme mit früchten

2 Eigelb
4 EL Marsala
40 g Zucker
100 g Sahne
250 g Mascarpone
150 g Erdbeeren
1 Pfirsich
2 EL Orangenlikör
40 g Amaretti
2 EL Schokoladenspäne

Je nach Jahreszeit können Sie die Macarponecreme auch mit anderen Früchten kombinieren. Und sie schmeckt sogar mit TK-Himbeeren und Pfirsichen aus der Dose sehr gut.

Die Eigelbe mit Marsala und Zucker über einem heißen Wasserbad mit dem Schneebesen dickschaumig aufschlagen (Vorsicht, nicht zu heiß werden lassen, da das Eigelb sonst stockt!).
Herunternehmen und auf einem kalten Wasserbad weiterschlagen, bis die Masse abgekühlt ist. Die Sahne sehr steif schlagen.
Den Mascarpone in eine Schüssel geben, kurz verrühren und nach und nach den Marsalaschaum unterziehen. Zuletzt die Schlagsahne unterheben und die Creme zugedeckt für 30 Minuten in den Kühlschrank stellen.
Inzwischen die Erdbeeren putzen und vierteln. Den Pfirsich halbieren, entkernen und in schmale Spalten schneiden. Das Obst mit dem Likör beträufeln. Die Amaretti grob zerbröseln. Die Hälfte der Früchte in Dessertschalen oder Stielgläser füllen, die Hälfte der Amarettibrösel und die Hälfte der Mascarponecreme darüber geben. Die restlichen Früchte und Amarettibrösel darauf verteilen und mit der übrigen Creme bedecken. Mit den Schokoladenspänen dekorieren und servieren.

Venezianische Karnevalskrapfen
Rezept S. 85

Süße Maisbrötchen
Rezept S. 86

register

vorspeisen

erster gang

zweiter gang mit fisch

zweiter gang mit fleisch

beilagen

süßspeisen

antipasti
primi · secondi
contorni
dolci